# 女性たちの貧困

## 〝新たな連鎖〟の衝撃

NHK「女性の貧困」取材班

幻冬舎

# 女性たちの貧困

〝新たな連鎖〟の衝撃

# はじめに――「理想はないですね、基本」

「理想はないですね、基本。できれば今の生活から脱出して、普通の生活をするのが理想ですかね」

貧しい家庭で育ち、時給の高い朝晩のアルバイトで家計を支えながら通信制高校で学ぶ、十九歳の女性の声だ。

私たちは、若い女性の間で深刻化する貧困の実態を取材し、今年（二〇一四年）一月のクローズアップ現代『あしたが見えない～深刻化する〝若年女性〟の貧困～』で放送した。貧しさから「結婚や出産など考えられない」と話す二十代の女性。二人の子どもを抱え、「精神的にも金銭的にも一人なので、『自分にもしものことがあったら』と、ふと思います」と話すシングルマザー。多くは貧しい中にあっても服装や髪型にせいいっぱい気を使い、一見しただけでは生活に困っているとはわからない、ごく普通の女性たちだった。

そして、貧しさから抜け出せない中で、シングルマザーたちが性風俗業界に生活の糧を求め、店側もそうした女性たちのニーズに合わせて託児所や寮を用意するという、持ちつ持たれつの関係さえ広がっていた。行政の支援の手が届かないところで、皮肉にも、性風俗業界が彼女たちのセーフティーネットになっているのだ。

専門家が「社会保障の敗北」と表現したこうした実態は大きな反響を呼び、番組のウェブサイトのページビューは通常の七十倍にあたる六十万に達した。「私も全く同じ境遇です」「こんな状況で子どもなど産めるわけがない」。番組放送後、同世代の女性たちから寄せられたのは、社会に対するあきらめの声だった。

現代社会に広がる貧困の実態に警鐘を鳴らしたNHKスペシャル『ワーキングプア』の放送から八年。これからの社会を支え、なおかつ次の世代を担う子どもたちの母親となる若い女性たちの間に、いったい何が起きているのか。私たちは「クローズアップ現代」の続編となるNHKスペシャル『調査報告　女性たちの貧困～〝新たな連鎖〟の衝撃～』の取材をスタートさせた。

「貧しい女性はいつの時代でもいた」

「シングルマザーは本人の責任ではないか」
「女性は好き勝手やっていても、最後は結婚して男の稼ぎに頼ればいいから責任もないし楽だ」

番組の取材中や放送後、私が実際に耳にした言葉だ。こうした言葉を発する人たちすべてが、本当に実態を踏まえて発言しているかといえば、はなはだ疑問といわざるを得ない。

取材の中で様々な専門家などに話を聞き、データを提供してもらったが、その中で「確かに高学歴の女性の活躍の場は広がったかもしれないが、そうでない女性の働く場はむしろ狭まっている」と指摘されたことがある。工場の海外移転で組み立てラインの仕事はなくなり、IT化やアウトソーシングで経理などの事務仕事も減り、仕事を求める女性たちの受け皿となったサービス業は人件費削減に汲々《きゆうきゆう》としている。こうした産業構造の変化が、高い学歴も技能も持たない女性たちを貧困に追いやっているというのだ。

実態を知らないということは、心ない言葉を発する人々からすれば楽なことであり、それゆえに恐ろしくもある。それだけに、今回私たちは、深刻な現場を取材することに加えて、それが社会全体にどう広がっているのかを、できる限り定量的なデータで示すことにした。それは、実態を知らない、または実態から目を背《そむ》けている人たちに、問題の深刻さに気づいてほしいからにほかならない。

もちろん貧困は女性だけの問題ではない。しかし、長く男性優位の企業文化が培われた結果、多くの女性が、雇用の機会においても、待遇面においても、不利な状況に置かれているのは論を俟《ま》たないところだろう。しかも、晩婚化が進む中で、かつては「家計の補助」とみなされてきた収入によって、自らの生計を立てなければならない女性は増えている。

貧しさにあえぐ女性たちを放置することで、社会に何が起きるのか。取材を通じて実感したのは深刻な〝貧困の連鎖〟だ。私たちは、様々な事情で母子家庭となった女性が、十分な経済的援助が受けられない中、その子どもに貧困が引き継がれてしまうケースを数多く目にした。貧しい家庭で育った子どもが大きくなったとき、社会人としてのスタートラインに差がつき、努力しても貧しさから抜け出せなくなってしまうのだ。

日本において、子どもの貧困率は二〇一二年で一六・三％、ひとり親世帯の貧困率は五四・六％と、共に先進国の中で最悪レベルにある。こうした事態に対し、政府が何も手を打っていないわけではない。去年、子どもの貧困対策を国や自治体に義務づける「子どもの貧困対策の推進に関する法律」を成立させたのに続いて、今年八月、取り組みの内容を定めた大綱を閣議決定した。この中では、①奨学金の拡充や放課後補習などの「教育の支援」、②子どもの居場所作りや保護者の健康確保といった「生活の支援」、③「保護者の就労支援」、④生活保護や児童扶養手当など生活を下支えする「経済的支援」の四つが柱となっている。こうした取り組みの行方に注目していきたい。

「子どもを産まないんじゃなくて、産めないんです」

番組終了後に私のもとに寄せられた、社会人になったばかりの女性の声だ。今回の取材はあくまで女性の貧困の実態を明らかにしようというものだが、問題はそれだけではない。高学歴で安定した職業に就いている多くの女性もまた、「仕事と子育ての両立」という別の問題に直面し、悩んでいる。女性の社会進出が進む一方で、「キャリアアップか出産か」の選択を迫られる女性たち。その悩みは、日本のこれからの社会のあり方に直結している。現代においても根強い「女性は結婚して男の稼ぎに頼ればいいいから責任もないし楽だ」という声。こうした意識は、貧困という問題のみならず、女性を取り巻く様々な問題に共通するものだとはいえないだろうか。

冒頭で紹介した女性は、貧しい現状から抜け出したいと、保育士の仕事を目指して専門学校に進学した。そのための学費は奨学金を借りてまかなうという。決して楽な道のりではないが、彼女が希望を捨てていないことが、私たちにとって何よりの救いだった。苦しい境遇にありながら、一縷《いちる》の望みを捨てず、出口を求めてもがき続ける若い女性たち。本書が、こうした人たちを取り巻く問題の解決の一助となることを願ってやまない。

NHK報道局科学・文化部 副部長　戸来久雄

# 女性たちの貧困

〝新たな連鎖〟の衝撃

目次

## 第二章

# 非正規雇用の現実 39

村石多佳子（NHK報道局　記者）／宮崎亮希（NHK報道局社会番組部　ディレクター）

第四章

# セーフティーネットとしての「風俗」 91

村石多佳子（NHK報道局　記者）

## 第五章

# 妊娠と貧困　

宮崎亮希（NHK報道局社会番組部　ディレクター）

第六章

# 〝新たな連鎖〟の衝撃　159

板倉弘政（NHK報道局社会部　記者）

## 第七章

# 解決への道はどこに　205

宮崎亮希（NHK報道局社会番組部　ディレクター）



# データが語る若年女性の貧困　223

戸来久雄（NHK報道局科学・文化部　副部長）

装丁　石間　淳
写真提供　ＮＨＫ
ＤＴＰ　㈲美創

第一章

# 見えない貧困

村石多佳子
（NHK報道局 記者）

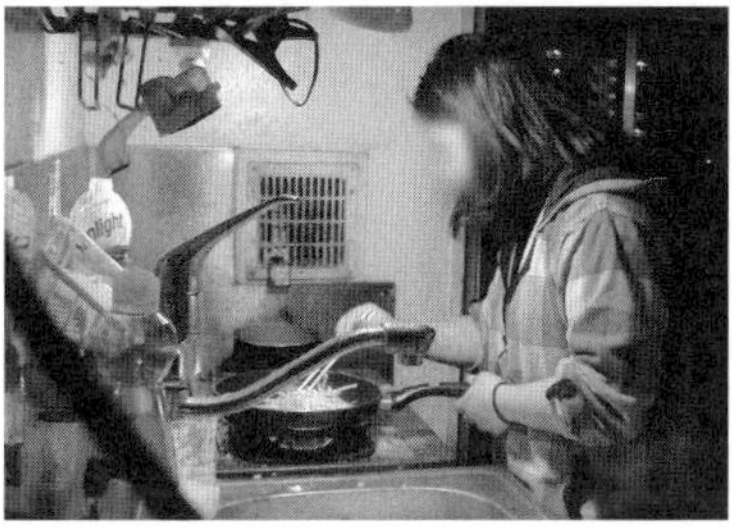

## 「貧困」から一番遠いと考えられてきた存在

〝若年女性〟が貧困というワードと結びつけて語られることは、これまであまりなかった。女性の十代後半から二十代半ばというと、一番華やかな年頃だ。きれいに着飾った外見、そして数年後には結婚して安定した生活を手に入れるかもしれない、というイメージがある。その〝イメージ〟から、若い女性は「貧困」から一番縁遠い存在であると考えられてきた。しかし現代では、若年女性の〝見えない貧困〟が指摘されている。

そうした若年女性について取材を始めたことには、私たちがこれまで、子どもの虐待問題を取材してきたという背景がある。

虐待されて死亡する子どもの数は、日本で毎年五十人前後に上る。厚生労働省の専門家チームは、虐待死の検証を毎年行っている。その結果をまとめた報告書によると、子どもを死に至らしめた加害者は、実の母親が七割を超えている（平成二十六年社会保障審議会、第十次報告）。

虐待によって死亡した子どもの家庭の経済状況は、生活保護世帯、市町村民税非課税世帯が三五％を占めている。子どもの実母の就業状況を見ると、無職が七割を超え、パートなどの非正規就労が二割。フルタイム勤務は一割にも満たない。

離婚や未婚などによるひとり親家庭、若年、無職や非正規労働者という、不安定な親の家庭環境から、子どもへのしわ寄せが起きていることが統計的に見えてくる。

虐待された子どもが死亡する事件が起きると、ニュースでは事件の悲惨さが伝えられ、インターネット上には、子どもを死に至らしめた母親を「鬼母」や「鬼畜」とののしる言葉が並ぶ。

加害者が非難されることは仕方ないとしても、特殊な人間が個人的な問題から起こした事件だと世間が片づけている限り、同じような痛ましい事件を防ぐことにつながらないし、根本的な解決には至らない。

子どもを育てる世代、そしてこれから子どもを出産して母親となっていく若い世代が、どのような経済状況や雇用環境に置かれているのか。女性たちの生きる環境が安定しなければ、その子どもたちの安定した成長にはつながらないのではないか。これから子どもを産んで育てる若い女性たちが、劣悪な環境で生きていることは、いわば社会の根幹を揺るがすことにもなりかねない。

また、虐待死のほかにも、世間の目に見えないところで、不適切な養育をされている子どもたちは、現在進行形で数多く存在している。

子どもを安定した環境で育てられない母親たちはどんな困難を抱えているのか、私たちは直視していく必要があると思った。

折しも二〇一一年に、国立社会保障・人口問題研究所の阿部彩氏が、働く世代である二十歳から六十四歳の単身女性の貧困は、三人に一人に上ると発表していた。これまでシングルマザーの貧困については数多くのデータが存在したが、単身女性の貧困を正面から扱ったデータは少なく、貴重だ。このデータが示した、三人に一人が貧困状態にあるという女性の現状は、いかなるものか可視化していきたい。

## 家事を担い家計を助け学費もまかなう――友美さん・十九歳

取材を始めて間もなく出会ったのは、十九歳の友美さんだ。

ボーイッシュな友美さんは、シャイで自分からはなかなか口を開かない。年齢の割に幼さが残る印象だ。しかし、質問にはしっかりと考えて返事をし、約束の日時もきちんと守る律儀な女性だった。

父親を小学校低学年のときに亡くし、シングルマザーの家庭で育った。四十代の母親と二人の妹と共に、女ばかり四人の世帯で公営住宅に暮らしている。

友美さんは中学校卒業後、四年制の通信制高校に進学。私と出会った頃は、高校卒業を控え、ちょうどその後の進路を考えているところだった。

友美さんの母親は、ガス会社のコールセンターで、パートタイムで働いている。しかし、母親には持病があり、体調を崩して寝込んで仕事に出られないことがたびたびある。収入が安定せず、暮らしぶりは楽ではないと、友美さんは語っていた。

そのため友美さんは、自分の生活費も進学費用も、母親の収入に頼ることを、最初から考えていなかった。進学費用は自分で全部出すしかないと話し、自分が働くお金でどうにかなる範囲での進路を考えていた。

友美さんは、高校入学後すぐにコンビニエンスストアのアルバイトを始め、食費や学校に必要な費用は自分でまかなってきた。学校との両立を考えて仕事量をセーブするため、コンビニのバイトで得られる収入は、平均で月五万円程度。夏休みなど長期休暇のときには、時給が日中より高い朝と夕方からの、一日二回のバイトを入れていた。

その収入から、自分の食事代、携帯電話代、学校にかかる費用などを支払う。ぎりぎりの収入の中から、「これまで育ててくれたんで」と毎月、母親には一万円を渡して、家計の手助けもしてきた。月によっては、妹の携帯電話代を肩代わりすることもあったし、母親にお金を貸すこともあった。

そのため、残るお金はほとんどなく、給料前には自分の携帯電話代を支払えなくなってしまう。毎月、数日間は携帯電話が使用停止になるため、そんなときには「今日から携帯電話が止まるんで、母親の携帯電話に連絡ください」と私に事前に伝えてきてくれた。

この家では、主な家事を担ってきたのは長女の友美さんだった。中学生の頃には、食事作り、洗濯、掃除も姉妹の中心となって担ってきた。

高校に入って、学業・バイト・家事の三つをこなすことが、体力的に追いつかなくなった。食事を作ることが難しくなり、バイト先のコンビニで、廃棄することになった弁当を妹たちの分までもらってきて、それを夕食の代わりにする日が多い。廃棄の弁当以外に、どんな食生活を送っているのか質問すると、「ご飯はカップラーメンだったり、あとは菓子パンとかを買ってきてどうにかしている」という。「バイトは忙しいし、帰ってくると疲れ切っていて、食べるよりは早く寝たいっていう状態」で、食事は二の次の生活。一日の食事代は五〇〇円程度に抑えている。食事が一日一回になることも多い。

家事の負担だけではない。友美さんは妹の精神的な支えともなってきた。

中学生の妹は、学校で嫌がらせに遭い不登校になった。今は、不登校の子どもが集う地元の〝自立支援ルーム〟に通っている。友美さんは妹のことが気がかりで、妹が一人にならないように、学校やバイトの帰りに頻繁にそのルームに顔を出している。妹が小学生のときは、学校からの連絡は主に中学生の友美さんが受け、妹が体調を崩すと、自分が学校を休んで看病することもあったという。

## 理想はただ普通の暮らしをすること

実は、友美さんには四歳年上の兄がいる。中学生の頃は、友美さんと一緒に家事の分担もしていた。

しかし、兄は少し前に家を出て一人暮らしを始めた。兄もコンビニでバイトをしていた。生活への不満が溜《た》まっていたのか、家を出る前は、自宅で暴れることがたびたびあった。友美さんの家にはそのときの爪あとが今でも残っている。真冬にもかかわらず、兄が蹴って割ったという台所のガラス窓は割れたままで、そこから寒風が吹き込んでいた。

友美さんに、高校卒業後は、お兄さんに続いて家を出て一人で暮らさないのかと尋ねると、「家族を置いて出ていこうとは思わない」と即答した。「まだ妹も小さいし、自分は家族がいなくちゃダメなんで」と答えた友美さんだったが、それは自分が今の家族を支える柱になっていることが、無意識のうちに染みついているような口ぶりだった。

友美さんに、理想はどういう生活なのかを聞いてみた。答えるまで、しばらく時間がかかった。空を見つめながら、「理想はない……です。基本的に。まあ今の生活からは脱出して、バイトのために朝早く起きて、昼に寝るっていう生活ではなくて、普通に朝起きてお昼から夕方くらいまでバイトして、夕方には普通に家に帰ってくるというのが、今の一番の理想ですね」と答えた。

「大きな幸せは、期待して外れると嫌なので、小さな幸せがちょこちょこある方がいい」

理想は、ただ普通の生活リズムで暮らすこと。日々の生活に疲れ、将来を見通す気力を失った瞳で語っていたのが印象的だった。

## 大黒柱の急死で一転した母子五人の生活

友美さんの母親は四十代後半。ガス会社のコールセンターで電話を受ける仕事をしている。日勤、夜勤、そして数日置きに宿泊のシフトもある体力的にもハードな仕事だが、雇用形態はパートタイムだ。

夫の生前は外に働きには出ずに、家業を支えてきた。夫が突然亡くなった後、近くに住んでいた夫の親戚との関係がうまくいかないこともあって、まだ幼い子どもたちを連れて、全く別の土地に移り住んだ。

なんの前触れもなく、突然シングルマザーとなった上に、住む環境も一変。四人の育ち盛りの子どもたちを一人で育てる責任が母親の肩に重くのしかかった。独身のとき以来、十数年のブランクを経て、社会に出て働き始めることになった母親の当時の気持ちを考えると、不安は大きかったに違いない。

友美さんの家庭のように、一家の大黒柱が病気や事故などで死亡したり、働けなくなるというケースは、どこでも起こり得ることだ。結婚を機に家庭に入り、長い期間、社会の労働の場から離れていた女性が、再び働き出すのは容易なことではない。働くために必要な情報やスキルも、時代の変化から取り残されているし、感覚を取り戻すことにも時間がかかる。

友美さんの母親は、ひとり親向けの就職支援制度を利用して職業訓練を受けた。母親が受けたのはブライダルコーディネーター。半年間の講座を受けて資格を取得したが、条件に合う職場を見つけることができず、具体的な就職には結びつかなかった。就職の際、ネックになったのは、当時三十代後半という年齢と、まだ幼い子どもがいることだったと母親は振り返る。母親は取材の際、「若い女性も大変かもしれないけれど、三十代後半から四十代のシングルマザーは、いろんな就労の場から排除されて、もっと大変よ」とつぶやいていた。

女性が子育てをしながら働く環境には、まだまだ課題が山積している。就職面接の際、雇用主の側から「子どものことで急に休まれると困る」といわれ、別の就労先を探すことにしたというエピソードを、今回の取材以外でも幾度となく耳にした。

周囲に頼れる人がいないシングルマザーは少なくない。そういう場合、子どもが体調を崩したり熱を出したりしたら、仕事を休まざるを得ない。しかし、こうしたひとり親家庭の事情を理解してくれる職場が多くなっているとはまだまだいえず、母親たちが肩身の狭い思いをしているのが現状だ。

友美さんの母親もこうした壁にぶつかった一人だ。正社員の職を求めたが採用されず、これまで保険の外交員など、非正規の職を転々としてきた。収入は不安定で、ひとり親家庭に支給される手当を加算してもぎりぎりの生活だ。

非正規の仕事は、時給制の場合が多いので、仕事を休むと収入が減ることに直結するし、正社員と同等の福利厚生を得るのは難しい。

## 月一〇万円の奨学金を借りて保育士を目指す

最初の取材から半年ぶりに再会した友美さん。高校卒業を間近に控え、その進路として、保育士になるための専門学校に通うことにしていた。

歯科衛生士になりたいという夢もあったが、専門学校の学費が高いことからあきらめた。小さな子どもの面倒を見るのも好きだったので、保育士の道を選んだのだという。「今、保育士が不足しているというニュースを聞くし、一回資格を取得したら、将来的に出産などで休んでもまた復帰できるだろうし」。友美さんは、将来のビジョンを描いた結果としての選択だったことを話してくれた。

友美さんは四月から、自宅から自転車で通える距離にある保育専門学校の夜間コースに通う。〝入学金五万円プラン〟（当時）という、経済的な困難を抱えた家庭の学生が通えるコースを選んだ。入学金はわずか五万円ですむが、月々の授業料は八万円かかる。授業料を払うために、友美さんは進学後にアルバイトを二つに増やそうと考えたが、働きすぎると今度は学業がおろそかになってしまう。

そのため、友美さんは奨学金制度を利用することにした。奨学金には無利息と、利息がつくものの二種類があるが、友美さんの奨学金は利息つきだ。貸与金額は月々三万円、五万円、八万円、一〇万円、一二万円から選ぶことができる。友美さんは当初、奨学金を五万円プランにし、足りない学費はアルバイト代で補おうとしていた。奨学金は、貸付金のため、卒業して就職した後に、利息を足し合わせた金額を月々返済しなければならないからだ。

現在の保育士の給与の平均は、男女合わせて三十四・七歳で月額は二一万三〇〇〇円あまり。年収として計算すると三一〇万円ほどだ（平成二十五年賃金構造基本統計調査）。民間で働く人全体の年間平均給与は四一四万円（平成二十五年分民間給与実態統計調査）であることに比べて、保育士の給与は平均給与を一〇〇万円あまり下回っている。

保育士を目指す女性は数多くいるが、その仕事の責任の重さや、体力的な負担などに見合う賃金が支払われていない職種の一つといえるだろう。ここから毎月奨学金を返済していくのは、正直かなり負担が大きい。

奨学金の額を決めかねていた友美さんは、母親に相談していた。母親は、「専門学校に行けば、いろんな人とのつき合いも増えるし、自分だけお金がないからと、友人とのつき合いを控えるのはよくない」と話し、「残ったお金は手をつけずに貯金しておけばよいのだから、ぎりぎりの生活にするのではなく、一〇万円を借りた方がいい」とアドバイスしていた。

親子の会話を隣で聞きながら、私はとても不安になった。保育士の待遇を考えると、就職したからといって、将来に余裕ある生活が待っているとはいえないのが現実だ。四年制大学を出て就職しながらも、奨学金の返済が重くのしかかっている人たちが数多くいるのだ。

私はこうした現実について助言してみたものの、彼女は結局、一〇万円の奨学金を借りて、進学することを決めた。

## 教育機会も学習意欲も奪われる貧困家庭

十九歳という若さで、家庭内での多くの役割を担ってきた友美さん。感情を表に出すことはなく淡々と取材に応じる。大きな夢を描く気力さえなく、ただ普通に生きたいと話す彼女。日々の生活のためにアルバイトをして必死に働き、進学先も自分の力で切り開いたが、将来に負債を抱えての進学だ。

貧困家庭の子どもたちは、一般家庭に比べ、進路の選択肢の幅が狭くならざるを得ないのが実状だ。専門学校や短大、大学と多様な進路があっても、そこにかかる費用を用意できない。貧困状態にある家庭では、子どもたちが教育を受ける機会が様々な形で失われていく。友美さんもその一人だ。中学校の卒業アルバムを見せてもらうと、林間学校や修学旅行など費用がかかる学校行事に友美さんの姿はない。経済的な理由で、参加することができなかったのだ。

それに、シングルマザーの家庭では、子どもが家事の担い手、家計の担い手になり、家庭で勉強する余裕が残されていないことが多い。友美さんは、希望していた普通科高校の受験に失敗し、やむを得ず通信制高校に進んだ。こうして進学した通信制の高校には、自分と似たような環境の友人が多いと、友美さんは話していた。

定時制や通信制の高校、普通科でも生徒の学力や授業態度に問題を抱える、いわゆる教育困難校に通う生徒には、家庭環境に恵まれていないケースが多いといわれている。実際に、今回取材した東京近郊の教育困難校では、五人に一人が生活保護家庭の子どもだということだった。現場の教師は、学力と家庭の経済力の密接な関係を肌で感じていた。

家計を助けるために、夕方から長時間にわたって飲食店でアルバイトをして、朝、起きることができずに学校を休みがちになり、学習も遅れ、卒業も危ういという女子生徒に出会った。本人が卒業までの間に挫折して、中退するケースも少なくない。家族の側も教育を受けること、学歴を得ることに関する重要性の認識が甘く、歯止めをかけてくれないため、本人の意思が簡単に通ってしまう。

こうして経済状況が不安定な家庭の若者たちは、負のスパイラルに容易に陥っていき、貧困の連鎖へとつながっていくという現実が見えてくる。

## 親の呪縛から逃れるのが最も難しい

貧困の連鎖を断つため、各地で貧困家庭の子どもを対象とした様々な対策が進められている。生活保護世帯や、塾に通う費用が払えないような困窮世帯の子どもを対象に、大学生や元学校教師などが、ボランティアで勉強を教える無料学習教室などが各地に広がっている。多くは、そのような子どもを高校に進学させようという取り組みだ。

四年制大学を卒業しても就職が厳しい中、中卒では、就職が極端に厳しいのは目に見えている。最終学歴が就職と直結する現状では、低学歴は社会的に排除される大きな要因となる。経済的に自立し、貧困の連鎖から抜け出すためには、せめて高校進学、そして高校卒業資格を得るよう支援していくことが求められている。

さらに、高校の中でも教育困難校では、進学する生徒が半数に満たず、就職を選択する生徒が半数以上のところもある。そういった学校では、生徒たちの就職先を確保することも仕事の一つ。将来の就職のことを考えて、以前は、貧困家庭の生徒でも、奨学金を借りて大学に進学させることを進路指導ですすめていたという。しかし今、奨学金の返済が卒業後の人生への負担となっているという現状を踏まえ、もう大学への進学をあえてすすめていないと進路指導の教師は話していた。

校長が地元の中小企業に自ら足を運び、自校の生徒を採用してくれるよう、あいさつ回りをして、就職先を確保するという地道な取り組みをしている学校もある。また、就職支援員が配置され、ハローワークから紹介された企業に正社員として採用されるよう、履歴書の書き方から面接の受け方まで、きめ細かに指導する取り組みをして、実績を上げている高校もある。教育困難校は、教育に加え、福祉的役割も担っているのが現状だ。

いずれも、教育現場からの、子どもたちが社会からこぼれ落ちないようにするためのセーフティーネットとしての取り組みだ。

しかしながら、特に生活保護世帯の子どもについては、貧困の連鎖を断ち切るための支援が、当事者たちになかなかスムーズに受け入れてもらえないというジレンマもある。働かなくても、定期的に収入を得る親の姿を幼い頃から見続けている子どもには、なぜ就労するのかがわからない。その意味を教え、就労意欲をつけるところから始める必要があるのだという。

さらには、うまく就職につながり収入を得られるようになったとしても、親による精神的な支配から逃れられず、当の親によって、子どもが自立の道を阻まれることも少なくないという。子どもの収入をあてにして擦り寄っていく親。自分の手元から子どもが自立していくことを阻止するために、子どもに対し、支援者側との信頼関係を壊すような助言をする親たちもいるのだ。こうした親たちの呪縛、特に経済的な関係を絶つことも、連鎖を断ち切る一歩につながる。

しかし、支援する側の人たちはここが一番難しいと話す。連鎖を断ち切るために、親から一定の距離を取ることの必要性を説いても、子どもは、やはり親を見捨てることができない。子どもの自立を阻もうとする親から一定の距離を取り、子どもが一つの世帯として自立する道をいかに進むことができるか。支援の現場では、親子の分離の重要さを子どもにいい聞かせることも一苦労だという。

## 真面目に生きる若者が報われる社会

友美さんが、父親が健在だった頃の家族写真を見せてくれた。歳を取って結婚した父親は、子どもたちをとてもかわいがっていたという。写真は、親戚の集まりで、豪華な食事を前に父親を囲んで、幼い姉妹が笑みを浮かべて写っている。とても幸せそうな家族の肖像だった。

その数年後、父親は亡くなった。そこから、この一家の生活は一変した。変わったのは、経済的な問題だけではない。母親は、仕事や家事、育児、すべてが自分一人にのしかかってくる生活に、いつしか心が砕けた。まず、家事をする意欲がなくなった。母親は、家事のすべてを子どもたちに任せた。まだ中学生の友美さんたちが、その一切をこなすことは荷が重かった。

いつしか家にはごみが散乱し、部屋の中は荒れていった。友美さんの家を初めて取材で訪れたとき、〝時間が止まった家〟だと感じた。家族が将来を見通す気力をなくし、その日を生きることにせいいっぱいで、全体として前進することができていない……。家計の柱である父親を亡くすなど、家族の突然の死はどの家庭にも起こり得ることだ。貧困は、一つの歯車の変化から、簡単に作り出されていくものなのだと知った。

四月。友美さんは、希望していた専門学校に進学した。保育士資格の取得を目指して勉強することになる。

専門学校に入学するにあたり、彼女はバイト先をコンビニから、学校の近くにある大手牛丼チェーン店に変えていた。長時間労働など過重な労働環境が問題になった企業だ。今年九月、この企業が深夜営業の見直しを余儀なくされたニュースを見ながら、友美さんの顔が浮かんだ。

友美さんのような若い労働力が日本の企業を支えている。友美さんは自宅を朝五時前に出て、早朝からアルバイトをしながら学校に通っていた。まだ日がのぼらない薄暗い中、仕事に向かう彼女の後ろ姿を見送ったとき、これほど真面目《まじめ》に生きる若者が、報われる社会構造にならなくてはいけないと強く感じた。

第二章

# 非正規雇用の現実

村石多佳子
（NHK報道局 記者）
宮崎亮希
（NHK報道局社会番組部 ディレクター）

## 非正規、年収二〇〇万円未満の若年女性、二百八十九万人

非正規雇用で、年収二〇〇万円未満の収入しか得ていない若年女性（十五〜三十四歳）の数だ。

二百八十九万人。

女性の貧困について考えるとき、この雇用の問題を避けて通ることはできないだろう。加速度的に進む雇用の非正規化。雇用者全体のうち、非正規雇用の人は三八・二％に上っており、今や男性にとっても切実な問題だ。しかし、非正規雇用に占める女性の割合は七割。親元で暮らしていたり、夫が働いていて、家計の補助となる収入が得られればいいと考える女性たちが多く含まれているとしても、親を頼れなくなったり離婚したりすれば、その低い収入で家計を維持していかなくてはならなくなるのだ。さらに、非正規雇用で働く期間が長いほど、正規雇用への転換が難しくなるというデータもある。

女性は、若いうちは父親に、結婚すれば夫に、歳を取れば息子によって守られる。そんな時代ではもはやないにもかかわらず、母子世帯で育った若い女性たちやシングルマザー、さらには貧困率が最も高い高齢の女性たちの現状を見れば、「男」を欠いた途端、女性たちの暮らし

は一気に困窮するのだという現実を思い知らされる。

生活保護や、平成二十七年度から施行される生活困窮者自立支援法、そして子どもの貧困対策など、貧困克服に向けた様々なメニューが用意されている。そのすべてで強化されているのが就労支援だ。貧困が拡大する一方で、社会保障の財源に限りがある以上、そうした方針になるのは当然のことだとは思う。しかし、女性が依然として労働市場において弱者であるという現状に手をつけない限り、就労に向けた支援の充実が本当に奏功するのかと、どうしても疑問を感じてしまう。

番組の取材でも、非正規雇用で生計を立てる多くの女性に出会った（正規雇用でも二〇一三年の女性の平均年収は三五六万円。ちなみに男性は五二七万円だ）。昇給も昇進もなく、いつ契約を切られるかわからない不安定な仕事しか選ぶことができず、今にも息切れしそうに生きている女性たちのことを考えてみたい。

## キャバクラで働き高卒認定を目指すシングルマザー——美紀さん・二十七歳

カメラでの取材はかなわなかったが、忘れることができない女性がいる。

東海地方で小学生の娘と共に暮らす、二十七歳の花田美紀さん（仮名）。

彼女とは、看護学校などへの進学を目指す人を対象にした通信講座の業者からの紹介で出会った。

看護学校を受験する女性たちの中には、離婚して子どもを抱え、看護師という安定した仕事に就くことを目指す人が多いと聞いていた。特に子育て中であれば、予備校のようなものに通うより、家で学習できる方がいいだろう。そんな想像から、中堅規模だというその業者を訪ねてみたのだ。

「生活が苦しいシングルマザー？　いくらでもいますよ」

経営者の男性はいとも簡単にいってのけた。多くの女性が、不安定な暮らしをなんとか上向かせようと、確実に〝食べていける〟看護師の資格取得を目指しているのだという。通信講座とはいえ、教材費は数十万円。一括では到底払えず、何年もかかって分割払いにする人、中には分割払いにしようにもブラックリストに載っていて、カード会社の審査に落ちてしまう人もいる。誰もが乏しい生活費の中から、将来に賭けようと必死で費用を捻出するのだろう。

美紀さんはそんな女性たちのうちの一人だった。

東京から二時間あまり。海に近い町の、古い三階建てのアパートを訪ねた。

「子どもは親に預かってもらっているんで大丈夫です」

迎え入れてくれた美紀さんは、小学生の子どもがいるとは思えない、今どきの若い女の子といった雰囲気の女性だった。もこもこのパーカにショートパンツ。メイクがとても上手だった。リビングは、片づけるのが面倒なのか少し雑然としていたが、特にこれといった特徴のない空間だった。小さなテーブルを挟んでフローリングの床に座り、美紀さんと二時間近く話し込むことになった。深刻な顔を見せるでもなく、どことなく吹っ切れてしまったような話しぶりが印象的だった。

生まれてからずっと、地元を離れることなく暮らしてきた美紀さん。中学二年生の頃から学校が退屈だと感じるようになり、それからは「やんちゃ」な生徒として過ごしていた。それでもなんとか高校への進学を果たしたが、「学校に行く意味が感じられなくて」、一年の二学期で退学してしまう。それからはファストフード店やキャバクラでのアルバイトで自分の生活費をまかなっていた。

二十歳になる直前に、当時交際していた男性の子どもを妊娠。相手の男性は十歳以上も歳が離れていたが、定職がなかった。それでも、妊娠を機に「これからは、がむしゃらに働く」と約束してくれたという。しかしほどなくして、男性に数百万円の借金があることが発覚。美紀さんは子どもを育てていけるのか強い不安に襲われたが、妊婦検診の超音波検査で元気に動く赤ちゃんを見ると、やっぱり産みたいという思いが込み上げてくる。結局、父親として頑張るという男性の言葉を信じ、美紀さんは入籍に踏み切った。新居の保証金や引っ越し費用は両親が用立ててくれた。

しかし、子どもが生まれてからも男性の生活態度は変わることがなかった。仕事は長続きせず、ギャンブルに明け暮れるようにもなり、ついには光熱費の支払いが滞るほど生活は困窮。家事と子育てに専念するつもりだった美紀さんだが、かつて働いていたキャバクラで再びアルバイトをすることになった。しかし、そこで稼いだなけなしの収入でさえ、男性は散財してしまうのだった。

男性との生活に見切りをつけ、美紀さんは離婚を決意。調停を起こして慰謝料や養育費を請求することも考えたが、男性の収入を考えると受け取れる金額はわずかだ。そのお金を巡って長期間争うよりも、もう二度と関わりたくないという気持ちの方が大きかった。

離婚後、早速就職活動を始めた美紀さん。正社員になって、子どもに習い事をさせられるくらいの収入が得られればと考えていた。しかし、高校中退で幼い子どもを抱える女性を雇いたいという会社は見つからなかった。

「もう数え切れないくらい受けましたよ。毎日毎日面接。子どもが病気のときは実家に預けられますといっても信じてもらえないし」

三カ月近い求職活動の末に、美紀さんはプラスチック製品の製造工場で事務のアルバイトに就いた。月の収入は一三万円ほどだが、月によって増減がある。健康保険料や年金はもちろん、通勤には車で四十分ほどかかるが、そのガソリン代も個人負担。決して恵まれているとはいえない条件だったが、雇ってくれるだけでもありがたかった。

月の給料に児童扶養手当を加えても、生活に余裕はない。美紀さんはもっとお金が必要だと、週に数回キャバクラでのアルバイトを掛け持ちすることにした。子どもにはせめて高校を卒業させてやりたい。そのためにも、これから増えていく子どもの教育費に備えたい。さらに、看護学校の受験を目指していた美紀さんにとって、最初にクリアしなければならないのがかつて「大検」と呼ばれていた高等学校卒業程度認定試験、通称〝高認〟の合格だ。その受験対策にと、三〇万円近い教材を分割払いで購入していたのだ。

「高校をやめることでこんなに大変な目に遭うなんて、そのときは全然わからなかった。子どもが何かをやりたいっていってきたときには、お金を気にしないで『やんなよ』っていってあげたいし。そのためにも看護師になるっていうのが一番堅いと思うんですよね」

## 「無理です。もう何も考えたくないんです」

夜のアルバイトがある日のスケジュールは過酷だ。夕方、事務の仕事から戻ると子どもの夕食とお風呂をすませ、キャバクラ用のメイクをし、ドレスを着て実家へ。親に子どもを託して出勤する。キャバクラの閉店は午前三時近くになることもあるため、美紀さんはその日は二十時間以上起きていることになるのだ。

「車で通ってるから、お酒は飲まないです。こっちは酔ってないから酔っ払った男が本当に気持ち悪くて。キャバクラは辞めたくて仕方ないです」

クローゼットに掛けられた何着ものドレス。華やかな格好をして、子どもを実家へと連れていく光景を想像するとなんともいえない気持ちになった。そんな働き方をしていては体がもたないだろうと思ったとおり、すでに美紀さんの努力は限界を超えていることがわかった。

それは、ダイニングテーブルの上に置かれていた。病院で出された薬袋の小さな山。離婚直後から心療内科に通いずっと薬を飲んでいるという。初めは原因のわからない全身のじんましん。不眠。めまい……。

その後パニック障害と診断された。突然動悸《どうき》や息苦しさに襲われ、ベッドから起き上がることができなくなる。ここ一年は特に症状が重く、一カ月近く仕事を休むこともあったという。

部屋の隅には、ほとんど手をつけていない受験用の教材が段ボール箱に入ったまま置かれている。美紀さんは、自分が看護師を目指すスタートラインに立つことさえ難しいということを、もう知ってしまったのだろう。どんなに努力しても安定した暮らしに辿り着けないという現実を受け入れることは、美紀さんの心に大きなダメージを与えていた。

シングルマザーの取材をしていると、離婚を機に心身の不調を抱える女性たちが少なくないという実感を持つ。中でも精神的なつらさを訴える人は多い。働きづめで溜まる疲労、パートや派遣という立場で働くことで、ずっと抱えなければならない将来への不安。忙しさの中で、子どもと十分に向き合えないという罪悪感。女性が一人で子どもを養っていくことはこんなにも難しいことなのかと、疲れた母親たちの話を聞くたびに考えさせられる。しかも、そんな不安を抱えた女性たちの中には、取材を受けた後、気分が落ち込んでしまうという人もいた。忘れようとしてきた過去のつらい経験や、つとめて直視しないようにしている今後の暮らしへの大きな不安に、取材に応えることで正面から向き合ってしまうからかもしれない。

「子どもを抱えていなかったら、もっと楽に生きられるのにと思うことはありませんか？」と失礼な質問をした私に、「子どもがいたからやってこられた。いなかったらなんて一度も考えたことないです」と、穏やかだが毅然とした口ぶりで答えた美紀さん。

取材の後、「番組を通して、あなたのような女性がいることを知ってもらいたい」と、何度も伝えたが、「私には無理です。もう何も考えたくないんです」。最後に届いたメールには、そう書かれていた。

## 正社員への高い壁——晴美さん・四十代

女性の貧困の背景にある非正規雇用の問題については、今も取材を続けている。

取材を通して最近出会ったある女性が、ふとこぼした言葉が忘れられない。

近畿地方で暮らす四十代の佐々木晴美さん（仮名）とは、できたばかりのショッピングモールのカフェで待ち合わせをした。高校生と中学生の二人の息子を育てるシングルマザーだ。

国立大学を卒業し、ＴＯＥＩＣは八百点台。結婚するまでは一部上場企業の正社員として働いていたという。

夫の転勤のため、退職して専業主婦になったが、出産以降、夫からの深刻なモラルハラスメント（精神的ＤＶ）にさらされてきた。「養ってもらっているくせに」「お前を雇ってくれる会社なんかない」。そんな言葉をいつも晴美さんに浴びせてきた夫は、生活費の管理も自分でやるといい張り、株への投資につぎ込んだ挙げ句、借金までする有様だった（余談だが、シングルマザーの取材をすると、必ずかつての夫の話になる。常軌を逸した暴力や暴言を妻に浴びせたり、子どもの養育費を一銭も支払わなかったりする男性の多さには、いつも愕然《がくぜん》とさせられる）。

「外面《そとづら》はいいんですよね、すごく。でも家では別人でした。毎日毎日〝お前はダメだ〟といわれ続けて、心療内科に通うほど追い詰められていました」

十年近い時間を、息を潜めながら暮らしてきた晴美さんだったが、見かねた両親のすすめで子どもを連れて、実家へと逃げ帰った。しかし父親はがんを患っており、親の経済力に頼ることはできず、すぐに仕事を探し始めた。英語が得意だった晴美さんは、そのスキルを生かすことができる職場を求めたが、なかなか正社員として働ける場はなく、派遣会社に登録。コールセンターで働くことになった。毎日淡々と客の苦情に応えるだけで、決してスキルアップすることのない仕事。なんとか働きがいのある職場にと、三年更新の契約で貿易事務の仕事に就いた。

新しい職場での仕事の内容は正社員とほぼ変わらない。むしろ、入社して数年の社員よりも責任の重い仕事を任されることさえある。残業も断れない。それでも正社員と比べると、年収は半分以下。昇給は望めず、ボーナスはもちろん交通費さえ支給されない。そんな扱われ方に疑問を感じた晴美さんは、上司に正社員になる道はないのかと尋ねたという。すると上司からは厳しい言葉が返ってきた。

「正社員は入社試験を受けて入ってきたんですよ。あなたにSPIを受ける力がありますか？しばらくここで働いているから正社員になれるなんて、不公平でしょ」

その後、別の上司から執拗《しつよう》なパワハラを受けるようになり、晴美さんは退職。今は別の会社で貿易事務の仕事に就いている。契約更新は三カ月ごと。仕事の内容は以前より軽いものになったが、何年働いてもスキルを高められるわけでもなく、いつまで更新し続けられるのかという不安から逃れられない。自分という人間が、「安い労働力」としてしか見なされていないことを肌で感じる毎日だ。

「ほかに選択肢もないし、自分よりしんどい人と比べて気持ちを落ち着かせるしかないんです。その先に何か希望があれば、つらくても頑張っていけるんですけど。どんなに理不尽な条件でも、生きるためには黙って受け入れるしかない。この国は結局、そういう我慢強い女たちが支えてるんですよ」

## 女性を貧困の中に閉じ込める仕組み

非正規雇用のもとで、どんなに努力しても決してよくなっていくことのない暮らし。雇用の非正規化は、今後さらに拡大・固定していくようにも感じられる。あまりにも多くの女性を取り込んでしまった非正規雇用をどうしていくのか。女性の貧困を克服しようと考えるなら、真っ先に取りかかるのはこの問題ではないのかと強く思う。

「離婚や出産は自分の選択だ」「努力が足りないのではないか」という意見が根強くあること

もよくわかる。しかし、そういう立場の人たちにとっても、女性たちの待遇改善は大きなメリットがあるだろう。「子どものために頑張って働きたい」という強い意欲や、スキルを備えた女性たちは、いわば国の〝資源〟だ。「超」がつくほどの少子高齢社会となる日本を維持していくためにも、女性たちを安価な労働力とだけみなして貧困の中に閉じ込めておくことより、彼女たちが十分に力を発揮し、自立した暮らしを営める仕組みを本気で考える方がよほど合理的なのではないかと今、改めて思う。

## 四年制大学を卒業したけれど――愛さん・二十四歳

大学を卒業してからの就職が厳しいという認識は、もう一般的なものになっている。大学卒業者（学部）の卒業後の状況を見ると、全体のうち正規雇用での就職者は六五・九％（文部科学省平成二十六年度学校基本調査［速報値］）。

景気が回復基調にあるといわれる中、就職状況もゆるやかな改善傾向にある。しかし、パートやアルバイトなどの非正規雇用、それに進学も就労もしていない人も含め、いわゆる安定的な雇用に就いていない人は、全卒業者の一八・六％を占め、依然として十万人を超えている。

また、大学に進学する十八歳の人口が減る一方で、大学の数は増えていて、いわゆる〝大学全入時代〟を迎えている。高校卒業後の四年制大学への進学率は四八・一％で、二人に一人は大学に進学している時代だ。しかし、大学を卒業しても、安定的な将来を手に入れることができないのが現状だ。

大学関係者の知人の紹介を受けて出会ったのが、二十四歳の愛さん（仮名）だった。二年前に関東地方の四年制大学を卒業し、私と出会った当時はアルバイトをしながら、就職活動に励んでいた。

福島県の小さな村で生まれた愛さんは、幼い頃に両親が離婚し、母子家庭で育った。高校での成績はよく、将来は就職し安定した生活を手に入れることを見据えて、親元を離れて関東の四年制の私立大学に進学した。人と接することが大好きな愛さんは、将来は観光関係の仕事に就きたいという夢を実現するため、観光を専門に学ぶ学部に入った。

母親は自営業。近くに住む祖父母の手を借りながらも、女手一つで一生懸命、愛さんを育ててくれた。母親とは今でも、友達のように仲がよく、愛さんは母親を「運命共同体」だと表現していた。生活費が底をついたときには、「卵かけごはん」だけの夕飯が定番だったと、愛さんは幼い頃を振り返る。

大学進学にかかる費用は、進学する大学の奨学金と社会福祉協議会の教育支援金を借りてまかなった。一人暮らしの生活費、それに大学での海外研修など、奨学金だけでは足りない分を日々のアルバイトで必死に稼いだ学生生活。大学三年から卒業までの二年間は、大学近くのイタリアンレストラン、東京ドームでの売り子、さらに二つの居酒屋に籍を置き、一日に複数のアルバイトを掛け持ちして、働いていたという。それだけ忙しく働いていても、学業をおろそかにすることはなかった。苦労して大学に通っていた分、せいいっぱい学びたいと、必要な単位以上の授業を履修して勉強していたという。

しかし、就職活動は厳しかった。「リーマン・ショック」後の不況の影響で、就職難だといわれる世代でもあった。正社員としての就職を希望していたが、観光業へのこだわりも強かったことから、当時、オープンを間近に控えた東京の観光名所で、インフォメーション業務を担当する契約社員として働くことに決めた。正社員ではないが、花形ともいえる観光スポットで、幼い頃からの夢だった観光の仕事に就けたことを、愛さんはとても誇りに感じていた。

愛さんは、いつも背筋を伸ばして歩き、外出する際には、きちんと髪をまとめ、化粧をしている。年齢よりも落ち着いて見え、話し方も考え方も、とてもしっかりした女性だ。有名観光スポットのインフォメーションで、観光客と接する立場のため、常に周辺の観光地に関する最新情報を収集していた。また、清潔感が求められる職場だからこそ、化粧品にも気を使っていた。

とてもやりがいを感じていた仕事だったが、愛さんはこの職場を二年で辞めざるを得なかった。手にする収入では生活がもたなくなったのだ。

愛さんの自宅は、東京の下町にあるワンルームマンションだ。家賃は六万円。一人暮らしの女性の住居として、東京の相場からいえば、比較的安い方だろう。愛さんは、とても質素な生活をしていた。シンプルで最低限必要な家具だけが、整然と並んだ部屋。冷蔵庫を見せてもらったが、ほとんど食品は入っていない。

「私は一日、アイスコーヒー一杯で生きられるんです」という愛さん。実際、取材で長い時間を共に過ごしたが、普段の生活で愛さんがアイスコーヒー以外を購入して口にする姿を目にしたことはなかった。

観光名所でのインフォメーションで契約社員として働いていたときの給料は、手取りで大体月一四万円。固定給ではないので、月によって数万円単位での変動がある。二年間働いて、正社員とあまり変わらない仕事をしてきたつもりだったが、昇給はたった一〇円。ボーナスはない。このまま働き続ければ正社員につながるという道筋も見えなかった。新人研修も担当していたが、入ってきたばかりの新人と一〇円しか変わらない待遇に、本当に悲しい気持ちになったと話していた。

生活にかかる費用は家賃と光熱費だけでも七万五〇〇〇円が固定費として出ていく。それに母親に毎月一万円は仕送りするように心がけている。そうすると手元に残るのは五万円程度だ。

このくらいの金額があれば、普通だったらなんとか生活できるのかもしれない。しかし、愛さんは、奨学金の返済を負っていた。月々三万円。愛さんには、この返済が重くのしかかっていた。

## 奨学金の返済額が六〇〇万円

愛さんには、同郷出身で同じ大学に進学した親友がいる。高校時代からの友人のマキさんだ。大学時代からアルバイトとして働いていたカラオケ店に、大学卒業後に正社員として就職した。マキさんは、東京の愛さんの家に、たまの休暇に長距離バスを利用して遊びに来る。愛さんの家で、いつものアイスコーヒーを飲みながら、女子トークが始まった。最初は二十代前半の女性らしく、ドラマの話や、それぞれ社会人になった友人の話などで盛り上がっていた。

しかし、ほどなくしてテーマは仕事や給料の話になった。マキさんは正社員だが、やはり給料は手取りで月一五万円ほどだという。カラオケ店での実際の労働状況は、週五、六日で一日十二時間以上。休日は月に五日という環境だ。ボーナスはない。正社員だと感じる点は、会社の寮に月三万円で住むことができていることくらいだという。

「つらいね〜」

「飲みに行きたいし、バッグもほしいけどさ〜」

「思うけど、買えないね、実際。あれほしいこれほしいっていっぱいあるけどさ……」

「奨学金あと五〇〇万くらい残ってる」

「私は六〇〇万だよ」

「高校のときはすぐ返せると思ってた。大学入って、普通に企業に就職して、ボーナスで払っていけばいいかなくらいだった」

「そうそう、結構甘く考えてたよね」

何気なく始まった女子トークから、驚くような金額が出てきた。


マキさんは、内装業を営む両親のもとで育った。不景気から父親の仕事は減り、高校に入学後、必要なお金はファミリーレストランでアルバイトをしてずっと自分で稼いできた。

「アルバイトもいい経験だったので苦労とは思ってはいなかったけれど、部活はできなかった……。学校が終わったら週五日くらいのペースで、レストランに行って夜十時まで働いて家に帰るっていう生活でした」と話すマキさん。

苦労している両親を見てきたので、進学費用を親に頼ることは考えず、「自分でなんとかしながら大学に行っちゃった」と、進学したことを悔やんでいるようだった。

今、奨学金を借りて進学している人は、全国で百四十一万人に上る。大学生の三人に一人が奨学金を受給しながら進学しているというのが現状だ。奨学金には卒業後に返済の必要がない給付型と、返済する貸与型の二種類があるが、九割が貸与型の奨学金を利用している。

奨学金の返済が三カ月以上滞っている延滞債権額は、この十年あまりで三倍近くに増加している。奨学金事業を行う独立行政法人日本学生支援機構の調査によると、延滞している理由として、半数近くの人が「低所得」を挙げている。奨学金制度は、家庭の経済状況がよくなくても進学する機会を広げることにつながっている。しかし一方で、卒業後の就職が思い描いたようにいかず、その返済の負担に苦しむ若者が少なくないのが現状だ。

国はこうした現状を踏まえ、無利子タイプの奨学金の枠を増やしたり、経済困窮の場合などは返還の期間を延長するなどの対策を進めている。

## こんな現実が待っていると思わなかった

二十代前半にして、多額の奨学金の返済を抱えている愛さんとマキさん。二人の会話は、将来の不安へと進んでいった。

「愛は、早く結婚するんじゃないかと昔は思っていたなぁ」

「ないね。結婚はしたいんだけどさぁ……。奨学金を返し終わって、四十五歳くらいになったら考えようかな」

「奨学金って、実際、借金だからねぇ。今、六〇〇万ちょっと残っているっていわれたら、男の人はどう思うのかなぁ」

「借金あるのなんて相手にするの、嫌だよね……」

「お金持ちにならなくていいから、本当にお金に困らない、ただ普通の生活ができればいいのにな」

「ほんとに普通でいいのにね……」

二人には結婚願望があった。二人とも苦労はしたものの、家族の愛情を受けて育ち、社会常識も身につけ、他者に対しての優しさに満ちた女性たちだ。働く意欲もあり、きっと結婚して幸せな家庭を築くことができるだろうと思われる、結婚適齢期の女性だ。しかし、現状の苦しい生活から、結婚さえも躊躇《ちゅうちょ》せざるを得ない状況に陥っていた。

〝見えない貧困〟と呼ばれる、まさに文字通り、彼女たちは身ぎれいで、丁寧に化粧をしていて、一見すると華やかな雰囲気の女性たちだ。そんな彼女たちが「ただ普通に暮らしたい」「支払いを気にしない生活をしたい」という言葉を交わしている。

〝貧困〟がこんな形でも存在することを改めて気づかされた。

二人は、夢を持って進学した大学生の頃、卒業後にこうした現実が待っているとは思いもしなかったと口を揃える。マキさんは「今の状況を高校生のときに知っていたら、奨学金を借りてまで大学に行かなかったと思います」と話す。

自分の現状から、社会に対してどんなことを訴えたいか、マキさんに尋ねてみた。

「大学を卒業していないと、いい会社に就職できないというのがあるから、みんな奨学金を借りたりして、苦労して大学に進もうとする。でも、結局うまく就職できず、そうすると奨学金が返せなくて、負の連鎖になっていく。借りたものを返すのは当たり前のことですが、私みたいにお金がないという家庭の人でも、大学で学びたいと思っている人はたくさんいると思うので、そういう人もチャンスがもらえるような社会になってほしい」と彼女は答えた。

## ステップアップしていける正社員を目指して

二年間、契約社員として働いた職場を辞めた愛さんは、収入が途切れる期間をできる限り作りたくないと、学生時代にアルバイトしていた飲食店で働かせてもらっていた。

二年ぶりに戻ったイタリアンレストランでのウェイトレス。学生時代と同じ時給八〇〇円だ。観光名所でのインフォメーション担当として最前線で働いていただけに、「いらっしゃいませ」「ありがとうございます」という接客対応は一際目立っていた。手際よく働く愛さんだったが、その心境は複雑だ。

「大学を卒業したのに、何やっているんだろう私。ここはお客さんとして来るところだと思っていたのに……」

アルバイトをしながら、愛さんは安定した暮らしを手に入れるために、正社員を目指しての就職活動を同時並行で進めていた。契約社員という非正規雇用の立場で、賃金や待遇の面で正社員との格差を痛感しながら働いてきた愛さんは、少しでもこうした職場の格差改善に尽力できる仕事に就きたいと、次の就職先として人材派遣会社の社員になることを目指していた。

厚生労働白書（平成二十五年版）によると、非正規雇用で働く人のうち、「正社員に変わりたい」との希望を持っている、いわゆる「不本意な非正規雇用」の状況にある人は三割を超えている（二十五〜二十九歳の女性の層）。しかし、パートやアルバイトなどの非正規で働く期間が長くなればなるほど、正社員への転換は難しくなっている。

面接にこぎ着けたけれども、結果が思わしくない日々が続いていた愛さん。普段、明るい彼女が、とても落ち込んだ表情を見せる時期が続いた。「村石さん、私のどこが悪いんだと思いますか」と就職活動がうまく進まない彼女に何度も尋ねられた。

何社目かわからないほどの履歴書を書きながら、「当初の給料が二〇万円を下回っていてもかまわない。私は上へ上へと頑張って働きたいタイプなので、少しずつステップアップしていけるような会社に雇ってもらいたい」と、愛さんはつぶやいていた。

非正規雇用での労働は、賃金の格差と共に、企業内の人材育成や能力開発の機会からも取り残されていることが多い。愛さんのような就労意欲の高い若い人材が、きちんと正社員として就職できることが必要であると共に、非正規労働者の待遇改善も求められるところだ。

また、非正規労働者から正社員への移行ももっとスムーズに進んでもいいのではないかということも、愛さんの就職活動を目《ま》の当たりにして感じたことだった。「働きたい」という純粋な若者の意欲が損なわれることのない、雇用のありようが問われているのではないか。

第三章

# 「母一人」で生きる困難

丸山健司
（NHK名古屋放送局報道番組 ディレクター）

## 結婚しない、結婚できても貧困から逃れられない

女性たちの新たな貧困の実態をつかもうと取材に走り出した私たち。当初は十代、二十代の若年女性をターゲットに取材を進めていた。しかし、事態の深刻さがわかってくると、それだけでは不十分だと感じるようになっていった。幼い子どもを育てている世帯、とりわけ非常に厳しい経済状況に置かれている「シングルマザー」の取材も本格的に進めるべきだ、と考えるようになったのだ。女性の貧困の「今」を見つめるだけではなく、子どもたちの「将来」についても考えることで〝貧困の連鎖〟の実態解明につなげたかった。

女性たちの社会進出が今より進んでいなかった時代にも、実は〝女性たちの貧困〟は存在していた。しかし、そうした女性たちの状況は長らく問題視されてこなかった。賃金が低く、生活苦であったとしても、それは「結婚をするまでの一過性のもの」としてとらえられていたからだ。女性はいずれ結婚をして家庭に入り、自らの収入で生活をしていくことはないという暗黙の大前提が、これまでの日本社会にはあった。

もちろん、今でも結婚をすれば、夫婦二人分の収入で生活を上向かせることができるし、子育ても分担できる。また、パートなどで収入が少ない妻がいる場合には夫の税負担が軽くなる

「配偶者控除」や、会社員などの夫に扶養されている妻の年金保険料が免除される「第3号被保険者制度」など、いわゆる〝専業主婦〟がいる世帯に有利な制度がある。だから、結婚をすることは、女性が貧困から逃れる選択肢の一つになり得るかもしれない。

しかし、結婚をし、「妻」という地位を得ることで、貧困から逃れるという選択肢はすでに現実的なものではなくなっている。第二章で取材に応じてくれた愛さんやマキさんが「今の状況のままでは結婚して出産するなど考えられない」と語っていたように、今、日本ではそもそも男女とも「結婚をしなくなっている」のだ。五十歳の時点での未婚率を示す「生涯未婚率」は、平成の時代に差し掛かると共に男女とも右肩上がりを続けている。男性の場合は、平成二年のときの生涯未婚率は五・五七％だったが、最新の調査である平成二十二年には二〇・一四％に、女性では四・三三％だったが、一〇・六一％にまで急上昇している。

さらに結婚できたとしても、今の女性たちには非常に困難な道のりが待ち構えている。死別や離婚により母一人で子どもを育てていかなければいけない母子家庭の数は年々増加傾向にある。その数は全国で一二三・八万世帯（平成二十三年度全国母子世帯等調査）。平成十年には、九五・五万世帯だったため、約三〇％の増加だ。

結婚するにせよ、しないにせよ、女性が一人で生きていくことが当たり前の時代がすでに到来している。男性の力を借りずに生きていく選択をした女性たちが一人で子どもを育てなければばいけない状況に陥ったときには、一体どんな生活が待ち受けているのか。私たちはシングルマザーとなった女性たちやその家庭状況から、〝貧困の連鎖〟の実態をさらに取材することにした。

## シングルマザーは〝貧困の連鎖〟の始まり

シングルマザーに対しては、各自治体が設置する福祉事務所やNPOなど、様々な機関や団体が支援や相談を行っている。そうした支援機関にはどんな相談が寄せられるのか、私たちは日常的にシングルマザーの悩みや不安に耳を傾けている団体の代表や支援員の方々の声から、母子家庭の現状を探ることにした。

まず、取材をしたのは、「東京都ひとり親家庭支援センターはあと」。一般財団法人東京都母子寡婦福祉協議会が都からの委託を受け、生活相談や就業相談を行っている。会長の髙田伊久子さんや支援員の方が、相談に寄せられる様々な厳しい実態を教えてくれた。まず驚いたのは、経済苦から毎日の食事に事欠き、日常生活すら満足に営めずにSOSを求めてくる母子家庭が数多いという事実だ。

「相談の中で一番多いのは、やはり経済的な問題ですね。親と同居しているならそういった状況には陥りませんが、一人で育てざるを得ない場合だと生活は非常に厳しい。明日のお米にも困り、たまたま家にあったそうめんで空腹をしのいだという相談や、おかずはにんじん三本だけ、それを茹《ゆ》でて子どもと食べたという、非常にかわいそうな相談もありました。さらに当座の生活費がないので、五〇〇〇円、三〇〇〇円だけでいいから貸してくださいという相談、料金を払えずガスや電気を止められてしまう人もいます。お金がないから生活がどうにもならないんです。生活保護を受ける母子世帯は増えていますし、シングルマザーは今、非常に厳しい状況に置かれています」

その後、多くのシングルマザーに直接話を聞くことになるが、そのほとんどが離婚前よりも食費を大幅に切り詰めていた。豊かだと信じていたはずの日本で満足に食事すら取れず、生活がままならなくなる母子世帯が数多くあるという現実。そんな中では子どもに十分な教育を受けさせられるはずもなく、結果、それが〝貧困の連鎖〟を生むのではないか。日々シングルマザーの相談に応じている髙田さんたちの話は、切迫感に満ちていた。

「二十代、若いシングルマザーは特に人間関係が希薄で、密室の中での子育てになってしまう。夫のDVから着の身着のまま逃げてきて、蓄えがない。様々な事情を抱え、自分の親にも相談をすることができない。インターネットの情報に踊らされ、子どもに情操教育をする機会などほとんどない。行政の支援はなかなか届かず、ネットに掲載されているベビーシッターなどに安易に頼ってしまうんです」

『女性たちの貧困』の放送に向け、取材が大詰めに入っていた頃、日々世間を賑《にぎ》わせていたのは、男性のベビーシッターが、預かっていたシングルマザーの子どもを殺してしまったというニュースだった。ネットで手配ができるベビーシッターはシングルマザーにとって便利であること、真に必要な支援が当事者たちになかなか行き届かない現実や、就職時などにおける母子家庭への社会の無理解が、この事件の根本の原因としてあるのではないかと髙田さんたちは考えていた。

「非正規雇用とならざるを得ないシングルマザーが多すぎる。企業側の意識も低く、シングルマザーであることだけで就職の面接を落とす〝女性差別〟もあります。結果、ダブルワーク、トリプルワークと非正規の仕事を掛け持ちせざるを得ず、子どもと接する時間が減る。母親が仕事ばかりしていれば、子どもと接する時間が減って人間形成にとっても非常によくない。過酷な状況下で仕事のストレスのはけ口は子どもへと向かう。結局しわ寄せをこうむるのは、子どもたちなんです」

シングルマザーの生きづらさ、そしてその被害を受ける子どもたち。社会が彼女たち母子家庭の生活の厳しい実態に真剣に目を向けてこなかったからこそ、〝貧困の連鎖〟が生まれてくるのではないか。シングルマザーという存在が象徴しているものこそ、「女性たちの貧困」ではないのか。私たちはより多くのシングルマザーに話を聞き、社会に埋もれたままになっている貧困の実態を明らかにしなければならないということを痛感した。

## まずリアルな家計事情を尋ねることから

支援団体の方などへの取材を進めているうちに、少しずつではあるが、シングルマザーに電話で話を聞いたり、直接会って番組への出演交渉ができるようになってきた。まず初めに聞かなければいけないのは、収入や支出の状況と収入が低いひとり親世帯に支給される、児童扶養手当を受け取っているかどうかだ。また、別れた元夫から養育費を受け取っているかも聞かなければいけない。生活の苦しさや将来への不安を聞くのはそれからだ。いくら取材といっても初めて会った人にそうしたお金のことを聞くのは憚《はばか》られる気もするが、それを聞かなければ、取材が前進することはない。

経済的に困難な状況とは一体どれくらいのラインからなのか、どれくらいの収入を下回ると子どもの将来に投資ができなくなるのか。私たちは、それをまず実感したかった。しかし、そうしたことを急に取材を申し込んだ人間に聞かせてくれるのだろうか。あまりに不躾《ぶしつけ》な取材になるのではないか。本格的な取材に入る前にはそうした不安が常につきまとっていた。ところが、私たちの心配をよそに、どのシングルマザーもそうしたお金の質問に丁寧に答えてくれた。「ひとり親」という立場で生きていくことの厳しさ、つらさを知ってほしい、社会の無理解を少しでも解消してほしい、という思いがあったからこそだろう。

## 息子との食費は月に二万円――茜さん・二十九歳

東京都心のターミナル駅で待ち合わせ、四歳の男の子と同席して話を聞かせてくれた二十九歳の吉田茜さん（仮名）もその一人だった。たまの休日、息子と花見に行く前に取材の時間を取ってくれた。駅近くの喫茶店に入り、「これからお母さんはお話をしているから静かにしていてね」と四歳の息子にいって聞かせると、息子は素直に頷《うなず》き、おとなしく一人遊びに興じていた。

今回の取材の過程で会うことができたどのシングルマザーの子どもも、取材中に駄々をこねたり、ぐずったりすることがほとんどなかったのが印象的だった。もちろん知らない大人が来て、緊張しているということもあるだろうが、苦労している母親の姿を普段から見ていて、幼いながらも迷惑をかけたくないと考えているのだろうか。

茜さんは、現在、ＩＴ企業で時給制の契約社員として働き、手取り月収は一六万～一八万円ほど。さらに約三万円の児童扶養手当と、子どもを育てるどの世帯にも支給される児童手当などを頼りにして生計を立てているという。離婚したのは一年ほど前。元夫からのひどい暴力が原因だった。着の身着のまま、ほとんど放り出されたような状態で家を飛び出してきたという。元夫に今の住所を知らせておらず、養育費ももらっていないとのことだった。

児童扶養手当とは、父母が離婚したり亡くなったりするなどしたひとり親家庭に支給される手当だ。所得制限があり、子どもが一人で年間所得が五七万円未満の場合、満額である月額四万一〇二〇円が支給される。所得が上がるにつれて支給額は下がっていき、二三〇万円以上になると支給されない。子どもが二人、三人と増えるに連れて所得制限の限度額は上がり、支給額も加算されていく仕組みだ。所得とは、給与所得の場合は収入から給与所得控除等を差し引いた金額のことで、養育費をもらっていると、その八割相当額が加算される。五七万円の所得の場合、収入はおおむね一三〇万円となる。茜さんの場合、所得が満額受給の基準よりも多かったため、月約三万円が支給されている。

茜さんの生活状況はどのようなものなのか。話からうかがえるのは、生活費を至るところで削りながら、なんとかやりくりをして今をしのいでいるという厳しい現状だった。

「一番削っているのは食費ですね。月二万円になるようなんとか節約しています。以前は、お昼ご飯を食べないで仕事の合間の休憩時間を過ごしていることがよくありました。食べたとしても八〇円のカップラーメンだけとか。朝食も食パンを自分で生地から作って、お店で買うよりも少しだけ安くなるように心がけています」

児童扶養手当が満額受給ではない、「余裕が少しはある」とみなされるレベルの収入状況でも、食費を削らなければならない母子世帯の厳しさ。生きていくのに必要最低限の収入しか得られないぎりぎりの生活とはどんなものなのか、話を聞くうちにだんだんとその様子がわかってきた。

「生活のやりくりだけで、毎日本当に大変ですね。四カ月に一回、まとめて振り込まれる児童扶養手当で、月々のマイナス分をなんとか補てんしている状況です。理解ある友人から子ども服のお下がりをもらったり、化粧品をもらったりしています。また、給料日前になると、友人が気を使って子どもと食事に誘ってくれてごちそうしてくれます。いつも申しわけないと思いながら、甘えさせてもらっています。でも自分の収入ではその恩返しができない。それがとてもつらいんです」

月六万五〇〇〇円の家賃に、子どもの保育料が延長料金を含めて二万五〇〇〇円。さらに光熱費や携帯電話の料金を払うと、手元に残るお金はどんどんなくなっていく。

「持病のアトピー性皮膚炎があり、通院にお金がかかったり、生活用品などを特別に気をつけなければいけないので、それにも多少のお金がかかってしまいます。また、離婚のときのストレスで、社会不安障害と診断されたのですが、医療費がかかってしまうので、通院を控えている状況なんです。息子とは旅行にも遊園地にも行ったことはなく、貯金をする余裕は全くないですね」

確かに茜さんは、話をしている最中、少し神経質そうに目をしばたたかせることがあった。母親として一人息子をしっかりと育てていかなければいけない、その気負いが、大きなストレスにつながっているのだろうか。

## 子どもはなんとしても大学に通わせたい

また、茜さんは今、契約社員という立場だが、離婚前は正社員として働き、収入も今より四万円ほど多かった。しかし、正社員のままだと、残業をしなければならず、また資格を取るための勉強をしなければならなかったり、休日出勤の可能性も出てきたりするため、契約社員に変えてもらったという。茜さん自身は子育ての時間を確保するためには、契約社員になってよかったといっていたが、果たしてそうなのだろうか。シングルマザーになったとしても、正社員のままで働き続けることはできなかったのだろうか。そうすれば、茜さんは今よりも経済的には余裕を持った生活ができたかもしれない。シングルマザーという、社会の中で厳しい立場にいる人が、さらに厳しい立場に追い込まれていくということに、疑問を覚えずにはいられなかった。

最後に、今後の生活や子どもの将来のことを聞いた。茜さんは以前、外資系の企業に勤めていたこともあり、英語が得意だという。

「子どもが大きくなって、手がかからなくなったら、英語をさらに勉強して、そうした得意分野を生かせる仕事に就きたい。子どもはなんとしても大学に通わせたい」と小さな声ではあったが、力強く語ってくれた。茜さんの傍《かたわ》らで行儀よく取材が終わるのを待っていた子どものためにも、彼女が想像する未来が訪れることを願わずにはいられなかった。

けなげに社会の中を生きている母子世帯。統計からも厳しい状況が見て取れる。母子世帯の母の平均年間収入は二二三万円（平成二十二年全国母子世帯等調査）。一方で、十八歳未満の子どもがいる全世帯の平均年間収入は六七三・二万円だ（平成二十四年国民生活基礎調査）。シングルマザーがいかに厳しい経済状況の中を生き抜いていかなければいけないかということがよくわかる。前述の茜さんの年間収入は母子世帯の母の平均とほぼ同じか、少し高いくらい。しかし、それでもどんなに切り詰めてもぎりぎりの生活を強いられ、満足に医者にかかる余裕すらもない。

特に二十代のシングルマザーの八割が、年間の可処分所得一一四万円未満で暮らす貧困状態に置かれ、明日が見えない厳しい暮らしを続けている。

## 三人の子どもを抱え四つの仕事を掛け持ち――礼子さん・三十五歳

そういった極限の生活に陥らないよう、歯を食いしばって子育てに生活にと汗を流しているシングルマザーに出会った。三十五歳の橋本礼子さん（仮名）だ。その生活ぶりを聞くと、今にも倒れて、子どもたちが路頭に迷ってしまうのではないかと心配せざるを得なかった。

礼子さんは、小学校六年生の男の子、四年生の女の子、保育園年長の男の子の三人を一人で育てながら、四つの仕事を掛け持ちしているという。仕事を全くしない日は月に二日くらいしかなく、体調がすぐれない日が続いていることを最初の取材のときから訴えていた。

二十二歳のときに結婚をし、専業主婦として三人の子どもを育ててきた礼子さん。離婚したのは五年前のこと。子どもに対する夫の暴力が原因だった。ほとんど夜逃げ同然で夫のもとから逃げ出してきたという。年一回ほど、元夫とは会っているが、養育費は受け取っていないとのことだった。

礼子さんが掛け持ちしている仕事は、高齢者支援のＮＰＯでの掃除や買い物などの手伝い、障害者施設でのメール便などの発送作業の手伝い、鍼灸院《しんきゅういん》でのデータ入力の事務作業、さらには個人宅に訪問してのフェイシャルエステの四つだ。フェイシャルエステの仕事は、完全歩合制で施術一回三〇〇〇円の報酬、そのほかは約一〇〇〇円の時給だった。一週間のスケジュールを聞いてみるととても過酷なものだった。月曜日から金曜日は主に障害者施設か高齢者支援のNPOにフルタイムで入り、空いた時間にフェイシャルエステか事務作業の仕事を入れている。また土日はフェイシャルエステの仕事を入れ、さらに月に二回はフェイシャルエステか事務作業を夜に行っているとのことだった。仕事が終わると自転車で大急ぎで次男の保育園に迎えに行き、夕食の準備など、子どもたちの世話に追われる。

「特につらいのは朝の時間ですね。身体的なつらさを感じることがよくあります。またうつ病を患っていて、朝から寝込んで起きられないときもある。そうすると子どもが心配してくれて、料理や洗濯を率先して手伝ってくれます。子どもたちと協力しながら共に生きている感じです」

礼子さんの収入は児童扶養手当などを含めても月二〇万円ほど。それでも細々とではあるが、毎月貯金をしており、限りある収入の中で子どもたちと堅実に暮らしていることが、話しぶりから垣間見《かいまみ》えた。しかし、子どもたちへの接し方を聞くにつれ、礼子さんが節約に節約を重ね、なんとか生活を成り立たせているということがだんだんわかってきた。礼子さんは子どもたち三人の将来のことや暮らしぶりについて次のように語ってくれた。

「小学校のサッカークラブに入っている長男は、『将来はサッカー選手になりたい』と最近いうようになってきました。でもスパイク代などの出費が本当につらいです。また、以前長男は、『塾に行きたい』といってきたこともありましたが、塾に継続して通うことの大変さを滔々《とうとう》といって聞かせてあきらめさせたことがありました。高校までは絶対に行かせたいとは思っていますが、『お金がないから塾に通うことができないんだよ』とはいいたくなかったんです。また子どもたちのため、家に一台携帯電話を置いていて、主に小学校四年生の長女がそれを使っていますが、長女が今はやりのスマートフォンに換えたいと訴えてきたこともありました。しかし、それは正直に、『スマートフォンに換えるにはお金がかかるんだよ』といってあきらめさせました」

子どもたちの希望をかなえてあげることができないもどかしさを日々感じているという礼子さん。今の境遇に対して、社会へのいらだちを感じることはないのか、という質問を投げかけてみた。しかし、彼女は「将来の不安とか、そういったことは極力考えないようにしている。母子家庭をこういう状況に追い込んでいる国とか社会へのいらだちが出てきてしまうから」と静かにいった。

礼子さんは、三人の子どもを抱え、四つの仕事を掛け持ちしながらも、決して投げやりな気持ちにはならず、真剣に子どもたちと向き合おうとしていた。そんな礼子さんはお金の大切さを教えたいという意味で、料理や洗濯をしたら子どもたちにお駄賃を渡している。その金額は食事の手伝い一回につき、一〇円だという。その一〇円には、逆境の中でも一緒に日々を生き抜いている子どもたちへの感謝の気持ちが込められているのだろう。私は礼子さんの子どもたちが母親の気持ちをしっかりと受け止めて、元気に成長してほしいと願わずにはいられなかった。

## 母子家庭でも子どもが保育園に入れない――沙織さん・二十九歳

様々なシングルマザーの話を聞くために訪ね歩くうちに、待機児童問題に直結する「子どもを保育園に入れることができなかった」女性にも話を聞くことになった。関係者に取材をする中で、シングルマザーであっても保育園に入れられない場合があるとは聞いていた。仕事に子育てに一人奮闘するシングルマザーの子どもが保育園に入れないとは、本当に驚きで、かつ待機児童問題の根深さを感じざるを得なかった。

二歳の女の子を一人で育てる二十九歳の古川沙織さん（仮名）は、二〇一四年一月に、東北地方のある町から東京郊外の町に引っ越してきた。元々は関東で結婚をし、管理栄養士をしながら子どもをもうけて、夫と三人で暮らしていた。しかし、夫の性風俗店通いに嫌気が差し、ほどなくして離婚。その後、東北の両親のもとに娘と共に身を寄せたが、栄養士の資格を生かす仕事がなく、もう一度仕事を探そうと上京してきたのだった。

沙織さんは、東北ではドラッグストアでパートの仕事をしていた。子どもを保育園に入れることができなかったことが上京のもう一つの理由だと語った。保育園へ入園の希望を出してはいたものの、パートの仕事をしながら両親と同居しているという状況では、順番は回ってこず、入園待機となったのだ。両親とも仕事をしていたため、沙織さんが子どもの面倒を見なければならない。そのため、パートの仕事の時間を増やして収入を増やすことができず、子育てに忙殺される毎日だった。このままでは来年度も娘を保育園に入れることができず、栄養士の仕事もできず、パートの仕事をこなす日々が続くだけだと焦りを感じて、沙織さんは東京で娘と二人、生活をしようと覚悟を決めた。

娘と共に東京に越してきた沙織さん。栄養士の専門学校時代の友人のつてで、中学校の調理員の職をなんとか得ることができた。勤務時間は朝七時から夕方四時、収入は手取りで月一二万円ほどだ。元夫から毎月三万円の養育費も受け取っているため、児童扶養手当などを合わせると月二〇万円ほどで暮らしていくことができる。

しかし、娘を認可保育園に入れることは東京でもやはりかなわなかった。そのため、私立保育園やNPOでの一時保育、ひとり親家庭ホームヘルプサービス事業、ファミリー・サポート・センター事業などを組み合わせながら、東京で暮らしていくことになった。かかる保育料は全部でおよそ六万円。認可保育園に預けるよりもはるかに多い出費だ。

ただでさえ、ストレスがかかる新たな土地での生活。東京に来た目的の一つであった娘を保育園に入れるということが達成できれば、そのストレスは軽減できたかもしれない。しかし、その希望はかなわず、沙織さんは心が不安定になり、月二回心療内科に通っているとのことだった。先々の暮らしぶりがよくなるのかわからないという漠然とした不安から、夜になるといろいろと考えてしまい、眠れないまま朝を迎えることが多々あるという。四日間くらい連続で眠ることができないこともあったと語る。今は睡眠薬を毎日服用している状況だ。

沙織さんは子どもをなんとか大学まで行かせたいと考え、学資保険の積立を月々一万円ずつ行っている。しかし、そのためには毎日の食事を犠牲にせざるを得ないという。離婚前は毎日の食事を一汁三菜にすることを基本としていたが、今はご飯に何かおかずをつけるだけということが多くなった。また、自分が幼い頃にスイミングスクールに通っていたように、娘にもそうさせたいが、収入が少ないし、送り迎えでさらに負担が増すので、通わせられないと悔しそうに語った。

母子家庭であっても子どもを保育園に入れられない。これが日本の子育ての現実なのだ。

## 国の支援制度を使って保育士を目指す――敏枝さん・二十八歳

厳しい生活を強いられる母子家庭が、貧困の連鎖から脱する方法はないのだろうか。国では母子家庭の母に対して、就業支援サービスを行う「母子家庭等就業・自立支援事業」や個々のケースに応じた自立支援プログラムを策定して自立促進を図る「母子自立支援プログラム策定事業」など、様々な支援制度を用意している。この章の最後で取材に応じてくれたのは、そうした国の制度を活用して、五歳の子どもを育てている広田敏枝さん（二十八歳）だった。

敏枝さんとは、インターネット上の交流サイトでシングルマザーやシングルファザーの交流・支援を行う団体の代表の方からの紹介で知り合った。初めて待ち合わせたのは、都内のある地下鉄の駅前。私たちが待ち合わせの時間より十五分ほど早く待っていると、ほぼ時間通りにやってきた。髪はしっかりとセットされ、身なりも若い母親らしい、可愛らしい格好をしていた。外見からは、こうした貧困問題の取材を受ける女性にはとても見えなかった。すぐ近くのファミリーレストランに入って、話を聞くことにした。

現在、敏枝さんは国の「高等職業訓練促進給付金」という制度を使いながら、保育士の資格を取るため、三年制の専門学校に通っている。通い始めたのは去年の四月。今年で二年目に入った。仕事はしておらず、朝、保育園に子どもを預けると、その足で専門学校に通い、夕方になると学校から子どもを迎えに行って、夕飯の準備など、子どもの世話をするという毎日だ。

「高等職業訓練促進給付金」は平成十五年度の創設。母子家庭など、ひとり親家庭の親の就職を支援するための制度だ。資格取得のための学校などに通っている間の生活費が上限二年間、住民税の非課税世帯には月額一〇万円、課税世帯には七万五〇〇〇円が支給される。対象となる資格は看護師や介護福祉士、保育士などで、平成二十四年度には全国で九千五百八十二件の支給があった。シングルマザーの職業能力開発策として大いに期待されている制度だ。

## 幼い子どもを抱えて非正規の仕事を転々

敏枝さんはなぜ、「高等職業訓練促進給付金」を使って、保育士になろうと考えたのか。彼女の話を聞いていくうちに、保育士になることは、貧困状態から脱出するための「積極的理由」ではなく、むしろ最小限の選択肢の中から辛うじて決断した、「消極的理由」であることがわかってきた。

東海地方出身の敏枝さん。高校を卒業すると、アパレルの店員や花屋の社員を経験した。花屋では結婚式場にお祝いの花を飾る仕事を担当した。花が大好きだった敏枝さんは、生き生きとその仕事をしていたが、だんだんと会社の経営が悪化。そして、突然、店長が雲隠れをするかのように会社を辞めてしまい、敏枝さんは店舗に一人残され、現場の仕事を続けていくことができなくなった。

その後、敏枝さんは東京で暮らしていた姉を頼りに上京。ほどなくして出会った男性と結婚し、二十二歳で出産をした。しかし、夫は仕事が忙しく、毎日始発で会社に行き、終電で帰ってくるような生活。敏枝さんは一人で育児をこなしていくうちにイライラして、ノイローゼ気味となり、夫との喧嘩が絶えなくなったという。夫は育児に協力することはなく、不倫をしていたことが発覚。不倫をやめるよう何度も話し合いをしたが、夫の態度が改まることはなく、結婚から一年後に離婚に踏み切った。

そこからの生活は敏枝さんにとって、いばらの道だった。非正規の仕事をいくつか経験したが、どれも彼女のキャリアアップにつながるものではなかった。敏枝さんはその当時のことを隠すこともなく、むしろ、時折笑い話なども交えながら、極めて明るく話してくれた。しかし、その話し方と悲壮感漂う内容には、あまりに大きなギャップがあった。もちろん、彼女自身のメンタルの強さもあるのだろうが、つらい経験に押しつぶされないよう、あえて明るく話し、自らを保っているようにも見えた。

離婚後、別れた夫と連絡が取れなくなり、養育費がもらえなくなった敏枝さんは、幼い子どもを抱えながら仕事をしなければならなくなった。しかし、花屋で培ったフラワーデザインの能力など、これまでの敏枝さんの職歴を生かす仕事には就くことができず、始めたのは請負で大福を訪問販売する仕事だった。三つ入りで六三〇円の大福を仕入れ、売り歩かなければならない。当時のことを彼女は次のように話した。

「担当したのは埼玉県の山奥でした。体力的に本当に大変な仕事でしたね。個人宅に飛び込みで行って、朝から晩まで売り歩いていました。業務を請け負った会社からは、家と家を訪ねる間は、必ず走るようにいわれ、走りすぎで踵《かかと》が割れてしまうほどでした。しかも訪ねた先ではしばしば『バカヤロー』と罵声を浴びせられ、毎日泣いていました。在庫を売らなければならず、深夜まで売り歩いて、終電を逃がしてしまったこともありました。あまり稼ぐことができず、生活はぼろぼろ。貯金がすごい勢いで減っていきました。体脂肪率が一ケタになるまで痩せてしまい、一年弱くらいでやめましたが、あまりに過酷なこの仕事を経験したことで、なんの仕事についても大丈夫と思えるようになりましたね」

敏枝さんは深刻な内容の話を請負会社の批判をすることもなくユーモアを交えながら話す。頑張ったのに報われなかったと、後ろ向きな発言をすることもない。

その後、敏枝さんは雑貨屋の雇われ店長になった。しかし、ほどなくして会社が店をたたむことになり、敏枝さんは解雇され、また無職に。次に勤めたのは都内に多くの店舗を持つスポーツ用品店だった。契約社員として、ゴルフ売り場を担当した敏枝さん。必死になってゴルフクラブの販売に精を出した。そのときの手取り収入は月一四万円ほどだった。

その会社では、正社員と契約社員の中間に社会保険に加入できる雇用形態があった。敏枝さんはこの仕事を通じて、もっとステップアップしたいと、その雇用形態に変えてもらうことにした。しかし、その雇用形態になって改めて、社会の厳しい現実を知ることになる。

社会保険料が給与から差し引かれることで、結局、手取り収入は変わることがなかったのだ。さらに夜間帯の勤務時間が増え、保育園の延長を頼まなければならず、支出はかえって増加。子どもと過ごす時間が減ってしまうという悪循環に陥ってしまったという。

「もっと頑張ろうと思って、子どもを延長保育に頼んで長く預ければ、あと一時間半長く働けるので、一個上の雇用形態にしてください、土曜日も保育頼みますっていってから、二カ月して現実を知るんですよね。帰ってきてから子どもを寝かせるまでの時間が二、三時間とかなんです。その二、三時間の間に、ご飯を作ってお風呂に入れて寝かせなくてはならないんですよ。時間もないし、子どもだから、すっとできるわけもなく、イライラするじゃないですか。早く早くっていうじゃないですか。もうぐちゃぐちゃですよね」

結局、敏枝さんは二カ月で元の契約社員の雇用形態に戻してもらった。

「二カ月間の給与明細を見て、あーこうなるんだって、生活が上向くことはないって、先が見えてしまったんですよね。よしやるぞって、気合を入れて上司にいったものの、落ち込みました。あんなに考えて、気合を入れて、上司に雇用形態を上げてくださいっていったのに、二カ月でこれか、っていう。ほんとにすいません、っていって頭を下げました。上司にいってからはさっぱりしたんですけど、そのときですかね、しんどかったのは」

## 必死に働いたがために給付金を減らされる

大好きな花屋の仕事を辞めざるを得なくなった後、上京して非正規の仕事を転々としてきた敏枝さん。育児と仕事を一人でこなさなければいけないシングルマザーは、生活が楽になるほどの収入は得られないと、敏枝さんはこのとき初めて痛感したという。

ではどうすればいいのか。敏枝さんが考えたのが「資格を取ること」だった。以前から資格取得のためのひとり親家庭の親向けの給付金があることは知っており、そのときのために学費をコツコツと貯めていた。敏枝さんはスポーツ用品店を辞めて、高等職業訓練促進給付金を受給し、これで生計を立てながら、保育士の専門学校に通うことにした。

しかし、この給付金を受給するにあたっても敏枝さんは様々な〝落胆〟を経験することになった。敏枝さんは保育士の専門学校を選ぶ際に、二年間で卒業できる学校を選ぼうと受験したが、面接官から「子どもが風邪を引いて、寝込んだら学校を休まなければいけない。カリキュラムについていけないのではないか」といわれ、面接で落とされてしまったのだ。

高等職業訓練促進給付金は、年によって、受給金額や期間に変動があり、敏枝さんが専門学校を探そうとしていた頃は三年間、支給されていた。しかし、次の年度からは、支給の期間は二年間に減るのではないかと噂《うわさ》されていた。そのため、敏枝さんは、給付金の支給期間内で卒業できる学校を選ぼうとしたのだ。しかし、子どもを世話しながら通うことができるほかの二年制の専門学校を見つけることはできず、三年制の専門学校を選ばざるを得なかった。そして、敏枝さんが保育士の専門学校に入学した二〇一三年度からは、案の定、支給の期間は二年間に。敏枝さんは、専門学校の三年目、最後の年を、給付金の受給なしで乗り切らなければならなくなったのだ。

さらに、支給期間だけではなく、金額も減った。敏枝さんは、入学する前、必死になって働いたため、住民税の非課税世帯の所得を少しだけ上回ってしまった。そのため、満額支給の一〇万円を受給することはできず、一部支給の七万五〇〇〇円となったのだ。

この専門学校に通うのにかかる費用は三年間で三六〇万円。敏枝さんは育児と両立させるため睡眠時間を削って働き、なんとか学費を払うめどを立てた。しかし、そのことが、給付金を満額で受給できないという結果につながったのだ。

## 「結局、何をしても低収入」という諦観

それでもなぜ、敏枝さんは、保育士という道を選ぼうとしたのか。保育士の平均年収はおよそ三一〇万円。豊かな暮らしが送れるとは決していえない金額だ。これまで非正規雇用の仕事を転々としてきた敏枝さんは、自らの収入が今後大きく上がることはないと諦観しながら、保育士になろうとしていた。

「結局、何をしても低収入なんだなって。どこで働いても一五万って思って、じゃあ同じ一五万でも、名前がつく一五万と、一生名前がつかない一五万でいろんな仕事を転々とその場しのぎでやるよりは、保育士、名前つきを選びますよね。名前なしの一五万より、名前ありの一五万」

敏枝さんが必死になって学費を貯め、保育士という資格を取ろうとした理由。それは貧困から脱するためではなく、非正規のシングルマザーがようやく手にすることができる、「社会的信用」を得るためだった。

「今いろんな親御さんがいるので、学校の先生とかも、子どもが小さな失敗をしたときに、ほらやっぱり、あそこは片親だからっていわれるんですよね。ずるいっていうか汚いかもしれませんが、あそこの親は幼稚園教諭だよとか保育士だよっていうのがあれば、若干イメージが違

うんじゃないかなって思ったんですよね」

もちろん敏枝さんは正社員の道を考えなかったわけではないが、子どもが幼いうちは、夜遅くまで仕事をしなければいけない正社員になることは難しいのではないかと思っていた。スポーツ用品店のときのように、保育園の夜間の延長料金ばかりかかり、子どもが体調を崩したときに柔軟に休むことはできない。

さらに正規の保育士にいつかなれたとしても、子どもの教育に一番お金がかかる時期までに、その資金を貯めることができないのではないかと考えていた。

「突然キャリアアップってなるわけじゃないし、そこからのスタートで上がっていくので、お金がたくさんいる中学、高校に間に合わないのかなとは思いますけどね。そこから貯め始めてもね」

日中は専門学校に通い、朝晩は子どもの世話に追われる敏枝さん。七万五〇〇〇円の給付金と児童扶養手当などを含めた一三万円ほどで、毎月の生活をやりくりしている。その生活ぶりは本当に質素だった。子どもと遊園地に行ったことはなく、出かけるところといえば、お金のかからない近所の公園だけ。必死に働いて貯めた貯金を徐々に取り崩しながら、日々を過ごしている。年金の掛け金は払っていない代わりに、子どもにはできる限りの可能性を与えたいと、月八〇〇〇円の月謝がかかる英語教室に通わせていた。

取材中、敏枝さんの子どもが急にぐずり出した。自宅内で私たちが撮影しているときは、自ら洗濯物をたたんだり、行儀よく食事を取ったりしていたが、慣れないことで疲れたのだろう。敏枝さんはその様子に気がつくと、私たちとのインタビューを中断し、子どもをしっかりと抱き寄せ、長い間、抱きしめていた。

「離婚してから、ほっとした瞬間ってほとんどないんですよね」

子どもと二人、公園で遊ぶ様子を撮影していたとき、敏枝さんがふとこぼしていた言葉だ。取材には常に明るく、なんでも隠さず話してくれた敏枝さんだったが、毎日張りつめた気持ちで、世の中に押しつぶされないように、子どもと二人、必死に今を生きていた。

自宅で行った長いインタビューの最後に聞いた彼女の言葉が、その敏枝さんの心境のすべてを表している気がした。

「たぶん、立ち止まったらクサるでしょうね。ほっとしようと立ち止まったらクサる気がしますね。ずっと寝てしまって起きれず、二度と這《は》い上がれない気がする。なので、実家にも帰らない。たぶん、ほっとするのが怖いんだと思う。ほっとしたら、糸が切れてしまいますね。そうしたら、もう頑張れないかなと思う」

第四章

# セーフティーネットとしての「風俗」

村石多佳子
（NHK報道局 記者）

## 風俗店の寮で亡くなった幼い姉弟

二〇一〇年七月。大阪の繁華街のマンションの一室で、五十日間にわたって育児放棄されていた三歳の女の子と一歳の男の子、二人の幼い姉弟の遺体が発見された。暑い部屋の中で、大量のごみと汚物にまみれ、二人の幼子が寄り添うように亡くなっていたというこの事件は、当時大きく報道された。

逮捕された母親は、風俗店で働いていた二十代前半の若いシングルマザー。子どもたちが遺体で見つかったマンションは、風俗店の寮として親子にあてがわれていた部屋だった。

この事件で、離婚後に行き場を失ったこの母子に風俗店が住居を提供していたこと、そして母親が働く間は託児サービスも用意されていたが、母親がそれを利用せずに、幼い子どもたちを放置していたことも明らかになった。つまり、風俗店がシングルマザーの働く場としての受け皿になっていたことが表面化した事件でもあった。

## 「シングルマザー歓迎」「寮・託児所完備」

今、風俗店のホームページを検索してみると、求人欄には「シングルマザー歓迎」「寮・託児所完備」の文字が前面に押し出されている。

小さな子どもと母親の写真が映し出され、「生活費を稼ぎながら子どもとの時間を大切にできる」「一人で苦しまないで」という見出し。一見すると子育て応援のページの様相で、風俗店の募集ページとはイメージのかけ離れた作りだ。

中には、福利厚生に「副業を仲介します」という言葉もある。風俗店の仕事は、客がつかなくては収入がない。待機する時間が長いと収入にならないため、空いた時間にできる副業を紹介し、無収入にならないためのサポートまでするということだ。シングルマザーのために、振れ幅の大きい風俗店での収入を少しでも安定させるためのサポートを行っているのだ。

この業界に従事する女性たちの取材をしていると、時間にルーズな人が多いという印象を持つ。会ったときに次に会う約束をしても、その約束の時間に来ない。または、突然、連絡が取れなくなる。連絡なしに仕事を休む……。

しかし、風俗店の人に聞くと、やはり同じ傾向はあるものの、シングルマザーは生活がかかっているため、勤務時間をきちんと守って出勤する人が多く、店側も予定を立てやすいという。

また、一般的に風俗店は、客からの指名を受けると、指名料が上乗せされて少し給料が上がるというシステムを取っている。シングルマザーは生活がかかっているので、少しでも自分の収入を上げるために、次回の指名につながるよう真面目に接客して働く女性が多いのだそうだ。

それは店側にとっては、〝サービスがよい〟との評判につながる。そのため、シングルマザーを雇うことは、店にとってもメリットがある。だから、少し金がかかっても、託児所を作るなど福利厚生に金をかけるのだと、ある店の経営者が話していた。

## 〝普通の子〟が風俗に吸い込まれていく

若年女性の貧困を取材するにあたって、若い女性たちにたくさん出会えるのではないかとの期待を持って、都内のあるシェアハウスに取材を申し込んだ。

シェアハウスとは、一つの家で、複数の人が風呂やキッチンなどを共有して生活する住居だ。一つの部屋を薄い壁で複数に仕切ったスペースに、簡易的なベッドが一つと、持ち物を置けるわずかなスペース。最低限、寝場所を確保できるというスタイルが多い。居住スペースは狭くても、敷金礼金・保証人が不要、なおかつ都心にアクセスしやすい場所に安く住むことができるといった点で、二十代から三十代の若い世代に人気だ。地方出身者の割合も比較的高いところが多いようだ。

取材を申し込んだ先のオーナーが印象的な話をしてくれた。

最近は地方から住むあてもなく東京に出てきた若い女性が、到着したばかりの羽田空港から、「すぐに住める物件はないか」と電話をかけてくるケースが増えているという。

知り合いもいない。仕事もない。「どうやって生活するのか」と聞くと、「居酒屋か、キャバクラか、『風俗』」と、職業の選択肢の一つとして「風俗」を挙げる女性が少なくないというのだ。

「風俗」へのハードルが低くなっているという感覚を、「風俗」ではないほかの業界の関係者から聞いたことは驚きだった。「風俗」で働く若い女性たちの取材をしていると話すと、「最近、多いですよね。一見すると普通の子が、バイト感覚で『風俗』で働いている」と話してくれた。

一昔前は「風俗」で働く女性というと、〝いかにも業界の人〟という露出度の高い服装や派手な化粧をした女性が多かったが、最近の傾向は、一見〝普通の子〟が増えた印象だ、と複数の風俗店の関係者からも聞いた。この変化にはどのような背景があるのだろうか。

## SNSにあまりに警戒心がない若い女性たち

若い女性たちは、何から情報を得て「風俗」の世界に入ってくるのかと風俗店の関係者に尋ねると、SNSでつながっている知人の紹介で店に面接にやってくる女性が非常に多いという。「友達に紹介された風俗店だったら、働いてみても怖くない。友達といってもSNS上だけのつながり。紹介してくれた子もあまり自分のことを知らない関係なので、風俗店で働くことが親にばれる可能性は低いから大丈夫……。こんなふうに、SNSがどんどん風俗店のハードルを低くし、風俗店側がしゃかりきになって女性キャストを募集しなくても、口コミで女性が集まってくる」。風俗店の関係者はそのように話してくれた。

余談になるが、SNSを通じて知り合った人間関係に対して、若い世代の女性の危機感や警戒心が非常に弱いということは、別の取材を通しても感じたことだった。

都内の女子高校生が元交際相手に、交際中のプライベート画像をネット上にばら撒《ま》かれ殺害された、〝リベンジポルノ〟という言葉が知られるきっかけになった事件がある。こうしたプライベート画像を安易に交換し合う実態を知りたいと思い、渋谷や秋葉原など、若い女性が集まる街頭で、女子高校生に声をかけて取材をした。

交際相手との画像交換は、「彼氏に喜んでもらいたいから」「拒否して嫌われたくない」などの理由で、多くが経験していることだった。

さらに驚いたのは、SNS上でつながっただけの見ず知らずの男からの、「風呂上がりの写真がほしい」「制服を着た足の写真がほしい」といったメッセージに、〝しつこかったから〟という理由だけで画像を送ってしまう女子高生が意外にも多く存在したことだ。

中には、Ｔｗｉｔｔｅｒでやりとりした人に、警戒心なく実際に会いに行ったという子もいた。

彼女たちとしては、待ち合わせの場所に行って、変な人だったら逃げればいいという程度の考えだ。

ある高校生は、「会ったけど、イメージと違う男性だったから、喫茶店に入ったときに、トイレに行くふりをして逃げたから大丈夫」と平然と話す。

ＬＩＮＥやＴｗｉｔｔｅｒといったＳＮＳがコミュニケーションツールとして、若い世代に広く普及している。その現状から、取り残されてしまっている保護者は多い。大人の想像より、はるかに身近になっているのだ。警戒心が備わっていない若い女性たちが、簡単に見知らぬ世界や人物と個別につながり、出会うことが可能となっているのだ。

## 男性相手に金を稼ぐのがますます簡単になる

親たちの知らない世界で、無防備な子どもたちがどんどん大人の餌食になっている。

中学生や高校生が、若さを売りにアルバイト感覚で、いとも簡単に性産業に足を踏み入れている。〝ＪＫ〟＝女子高校生が、個室で客にマッサージなどをして金銭を受け取る「ＪＫリフレ」。恋人感覚でお散歩をして対価を得る「ＪＫお散歩」。ほかにもお茶を飲んでいる女性を、男性客が窓越しに見て指名し、店外でのデートを直接交渉する「出会い喫茶」など、実に様々な形態で性産業への入口が存在している。「お散歩」などという表向きの気軽さとは裏腹に、結局は性的行為を求められるケースは多い。

実際に、風俗店で働いている二十三歳の女性は、高校生のときに「出会い喫茶」に出入りしていた経験があり、そこで出会った客の男性に金をもらっては一緒にカラオケに行ったり、〝軽いおさわり〟程度をさせていたそうだ。だから、あまり抵抗感なく「風俗」の仕事を始めたと話していた。

新宿の歌舞伎町で出会った十七歳の女子高生は、「ＪＫリフレ」でアルバイトをしていたが、「リフレは添い寝をする程度で、あんまり触られることもないから平気」と、初対面の私に、なんの躊躇もなく話してくれた。

今や男性相手に金を稼ぐのに、いわゆる風俗店で働く必要はない。若い世代の女性たちに話を聞いていると、性風俗という業界が、これほどまでに身近で簡単にアクセスできる距離に存在しているのか、という現実を感じた。

## 仕事のときは子どものことを思い出さないようにしている

風俗で働く女性たちと接してきて改めてわかったのは、見知らぬ男性相手の性風俗の仕事は、多くの女性にとってストレスや精神的な負担が大きいものだということだ。

客の相手をした後、人に知られないように吐いていたという女性。仕事のストレスを発散するためにホストクラブに入り浸り、浴びるように酒を飲んでは、酒代を借金する女性。その借金を返済するために風俗店で働き続けているという女性に何人も出会った。

これが子どもを持つ母親であれば、風俗店での仕事と子育てを両立することは、さらに並大抵の苦労ではないだろうと、同じ女性として感じる。

女性が客の自宅やホテルに派遣され、性的サービスを行うデリバリーヘルス店（デリヘル店）で朝十時から夕方四時まで働いているという四十代の女性は、仕事が終わると、その足で三歳の子どもを保育園に迎えに行くという。自らの夢だった美容関係の事業を始めたが数年で失敗し、多額の借金が残った。その返済のために事務職のパートと掛け持ちで、「風俗」の仕事を始めたそうだ。

客からの指名を待つ待機部屋で私に話をしてくれたその女性は、帰宅後は、「まだ子どもが小さく、遊ばせながら夕飯を作らなくてはいけないので大変」と、どこにでもある日常の生活を、母親の顔で話してくれた。夫と子どもには「風俗」の仕事は秘密だ。店がアリバイ会社も用意してくれているので、ばれる心配はない。

しかし、子どものことを考えると後ろめたく感じるので、仕事のときは子どものことは思い出さないようにしていると話していた。淡々と話す真面目な印象の女性だった。いろいろな場面で押し寄せてくるストレスを、自分なりに気持ちを切り替えて、なんとかしのいでいるのだろう。

しかし、多くの女性がこんなに上手にスイッチを切り替えることはできないはずだ。性風俗と子育ての両立で、大きなストレスを感じた母親が、育児に対する気力を奪われていく姿は容易に想像できる。それにもかかわらず、多くのシングルマザーや若い女性たちが「風俗」の仕事に取り込まれていくという現実。

「風俗」の仕事をする女性たちは、「風俗」以外の一般的な仕事のことを「昼間の仕事」と話す。なぜ彼女たちは、昼間の仕事を選ばずに「風俗」の仕事を選んだのか。

「風俗」の仕事を否定する気はないが、性を売るということは人間の尊厳に関わることだと私は思っている。女性たちが、基本的な人間としての尊厳を傷つけられることなく働ける環境や選択肢が、もっとあってもいいのではないか。

「風俗」の仕事にあって昼間の仕事にない環境とはなんなのか。それを知るために、風俗店への直接取材を始めた。

## 就労、育児支援、居住をワンストップで提供するデリヘル店

最初に話を聞いたのは西日本で手広く展開している風俗チェーン店。自ら風俗店で働いていた経験がある女性経営者が運営しているデリヘル店だ。

取材を申し込むと、町の中心地から少し離れたビルの事務所に招かれた。風俗店の事務所に足を踏み入れたのは今回が初めてで、どんな場所か少し恐怖さえ感じていた。

しかし、招かれたのは拍子抜けするほどの一般的なオフィス。一階は客からの電話を受けるフロアだ。平日の昼間だったが、コールセンターのようにヘッドマイクをつけた男女数人のスタッフが、鳴り続ける電話の応対をしていた。ビルの二階のフロアは、デリヘル店のホームページに掲載する、女性たちのPR画像を撮影するためのスタジオだった。そして三階には、女性たちが客がつくまでの時間に待機しているスペースがあった。ソファーで自由に雑誌を読んだり、準備されたお菓子さえつまめる、ゆったりくつろげる、広くて明るいスペースだ。

誰とも顔を合わせたくない女性のためには、ネットカフェのようなパソコンつきの個室も用意されていた。

女性たちは、客がつくまでの時間をここで過ごす。そして仕事が入ると、事務所スタッフから携帯電話に連絡を受け、客が指定したホテルや自宅に、店の送迎車で出かけていくのだ。


この店で働いている女性で目立つのは、やはりシングルマザーだという。店では、会社が直接経営する託児所のほか、近くの民間託児所とも委託契約し、常時子どもを預けられる態勢を整えていた。託児にかかる費用の半額は店が負担している。

保育園は基本的には、子どもが生まれた後に、自治体を通して入園の手続きを行い、後日、入園の可否の連絡が保護者に伝えられる。そのため、すぐにでも子どもを預けたいという保護者のニーズに、俊敏に応えられるシステムにはなっていない。

夫がいても経済的に困窮し、出産後すぐに働かざるを得ない女性も少なくない。しかし、生後間もない乳児を預かってくれる保育園は多くない。

特に都市部では、保育園の定員不足が未だ解消されていないのが現状だ。それに、仕事が見つかっていない〝求職中〟での申請だと入園しにくいという傾向もある。保育園不足の取材をしていると、働きたくても子どもを預けられないので働けないという、母親の切実な声を聞くことはしょっちゅうある。

それに対し、託児所（認可外保育園）は、施設の事業者と保護者が直接契約を結ぶ。二十四時間開園していたり、必要なときだけ短時間預かるなど、保護者のニーズに対応しやすいという利点がある。国の基準を満たす保育施設の場合、国や自治体からの助成を受けて運営するため、児童福祉法に基づいた保育士の人数や、施設の面積など、様々な厳しい制約をクリアしなくてはいけない。しかし、助成を受けない場合は、設置する側が比較的自由に運営できる。そのため、風俗店そのものが、女性たちが利用しやすいように自前で小規模な託児所を作ってしまうというケースが増えているのだ。

少子高齢化が進み労働人口が減少する中、女性の労働力が重要になっていることはいうまでもない。国も女性の労働人口を増やそうとしている。だが、女性が働くための環境が間に合っていないという現実は否めない。

国の環境整備の遅れに対し、この取材したデリヘル店では、すぐに子どもを預けられる託児所を用意するほかにも、住む場所がない女性、家賃が高くてアパートを借りることが難しい女性のために、店の近くに四十部屋の寮を用意していた。

就労、育児支援、居住。働くことを余儀なくされたシングルマザーにとって、生活に欠かせない三つの要素だ。行政に頼ろうとすると、いくつもの担当課をまたぎ、それぞれの手続きを進めなくてはいけない。しかし、ここでは、生活するために必要な環境や支援がワンストップで手に入るのだ。

そして、短時間で高収入を得られるという点も、シングルマザーにとって働きやすい理由の一つだという。この店では、収入の幅はあるものの、平均すると一日一万円は手にできる。多い人だと一日に五万円以上に上るケースもある。

## 年金崩壊に備えて〝セブン貯金〟

現在の最低賃金は全国平均で七八〇円（平成二十六年九月）。景気回復傾向の中、前年度に比べて一六円アップした。やっと生活保護水準を逆転したというレベルだ。

また、国税庁の調査（平成二十四年分民間給与実態統計調査）によると、男性の平均給与は五〇二万円。それに対して女性は二六八万円と、男性の半分程度でしかない。

給与階級別分布を見ると、男性では、年間給与額三〇〇万円から四〇〇万円以下の層が、全体の二〇％近くと最も多い。それに対し女性で最も多いのは、一〇〇万円から二〇〇万円以下の層で、約二五％。年収二〇〇万円以下が、実に四人に一人の割合を占めている。

この数字だけ見ても、高学歴ではない、ごく一般的な女性が働いて自立した生活を送るのは、非常に厳しいということが見えてくる。

核家族化の進行、非正規雇用化の拡大と、男性の収入も決して安定しているとはいえない中で、周りに支えてくれる家族もなく、困窮した女性たちが、高収入を売り文句にする「風俗」の仕事へと足を踏み入れていくのは、無理もないことなのかもしれない。

デリヘル店の女性経営者は、店で働く十代二十代の若い女性たちの間で、〝セブン貯金〟がブームになっていると教えてくれた。仕事が終わって店を出たらコンビニのセブン-イレブンに直行し、ATMでその日の稼ぎを入金して貯金するのだそうだ。なんのために貯金するのか尋ねると「老後のため」との答え。将来の年金崩壊に備えているという。

この国の社会保障の脆弱《ぜいじゃく》さが露呈していると感じた。

## 面接に訪れる女性たちの特徴とは

こうした女性たちの存在をカメラで取材し、世の中に伝えたい。その思いで、東京近郊のデリヘル店に足を運んだ。

取材に対応してくれたのは、二十代後半の若い男性社長の三上さん（仮名）だった。

大学で経営学を学んだという三上さんは、若手企業家のような印象の男性だった。

この店では、系列店も含めて二百人の女性が働いている。二十代から三十代が多く、女性へのサポート態勢が充実しているとの口コミで、次々に入店希望者がやってくる。

取材の数カ月後には東京の都心にも進出予定で、新たな事務所を作っている最中だというほど、勢いのある店だった。

三上さんから、店にやってくる女性の特徴を聞いた。

・人間関係が崩壊している人（親との不和、DV、虐待、友人関係がない）
・社会に適応するための知識がない
・貞操観念がない、風俗業界への抵抗がない（そもそも現代の女性に貞操観念なんてあるのですかと、三上さんはいうが）
・うつなどの精神疾患を抱えている人が多い
・若年で子どもを出産している
・理由がよくわからない借金を抱えている
・睡眠薬など処方薬に依存している

三上さんは以上のような特徴を、よどみなく挙げてくれた。

そして店の方針として、女性たちをダラダラと長くここで働かせる気はないと話した。どんどん新しい人材を入れて循環していかないと、店の質が下がることにつながるし、女性たちにとっても人生においてのステップアップにならないというのだ。

そのため、三上さんは入店の際の面接に力を入れていた。なんのためにここで働くのかという目的と、いつまで働いていくら貯めるという目標を最初に設定し、本人に意識させるのだという。

私たちが取材に訪れた初日に面接に訪れ、そのまま働き出した十九歳の女性がいた。見た目はどちらかというと地味なタイプ。半年前に通信制の高校をトップの成績で卒業したという。将来、看護師になるために専門学校に通いたいが、母子家庭で進学費用を親に頼れない。そのため、進学と一人暮らしをするための生活費を貯めたいというのが理由だった。

三上さんは、進学と一人暮らしをするための初期費用として、二〇〇万円を貯めることを目標にさせた。そして、二〇〇万円貯めるためには週に何時間働き、仕事を卒業する時期は何月と、具体的なスケジュールを指導していた。

面接後、三上さんから接客方法を学んだ女性は、風俗店に初めて足を踏み入れたその日のうちに、客のもとへと送られていった。まだ十九歳で幼さを感じさせるその後ろ姿を見送り、育った家庭環境によって、教育を受ける機会にさえ、こんなにも大きな格差があるという現実を目の当たりにした気がした。

## 日本の識字率一〇〇%は嘘

三上さんが、面接で店の規則や就労規則などについて説明する際に使う冊子を見せてくれた。イラストが主で、すべての漢字には振り仮名がつけられている。書類を渡しても、読んで理解できない人が多く、こうした冊子を使い始めたようだ。「ここにいると、日本の識字率が一〇〇%に近いといわれているのは嘘だと感じますよ。スマホのメールは打てたり、一応は字が読めたとしても、文章の内容を理解できない子が多い」と三上さんはいう。

教育をきちんと受けないまま社会に放たれてしまうため、文書を見せられても、よく理解しないままサインをしてしまい、騙《だま》されて借金を負う女性も少なくないそうだ。

三上さんの店でも、シングルマザーは多い。ここも他の多くの風俗店と同じように、託児所を用意している。

真面目に働く人が多いと、やはりこの店でもシングルマザーは重宝される存在だった。一方で、託児所から店に、子どもを何日間も迎えに来ないとの連絡が入ることがしばしばあるとも話してくれた。そういうときには、三上さんや店のスタッフが、母親を探し出し、一緒に子どもを迎えに行くそうだ。そして、きちんと子育てするよう諭すと共に、育児の何に悩んでいるのかを聞き、相談役を担うということだ。

まだ若くして子どもを産み、その後シングルマザーになった女性は、自分がまだまだ遊びたい盛り。仕事も無断欠勤したあげく、子どもを放置して男と遊びに出てしまう女性は少なくないという。

こうした母親たちに日々接する三上さんは、この国の将来に憂いを感じていた。

## 自ら望んで若年妊娠しながら、ネグレクトする心理

虐待を受けた子どものケアなどに詳しい、山梨県立大学教授で臨床心理士の西澤哲氏に取材した際の話だ。

幼少期に親からきちんとした養育を受けず、特定の人との間に愛着関係を結んだことのない女性ほど、早く自分の子どもをほしいとの願望が強く、若年妊娠が多いという。子どもがきっと自分を幸せにしてくれるだろうと、子どもへの期待を持っているのだという。しかし、実際に生まれてきた子どもは、親の願望通りになど動いてくれないものだ。そのため、母親は子どもが自分の依存の対象にはなり得ないことに気づく。そして、母親は次の依存できる対象を探していく。新しい男性だったり、アルコールだったり……。そうしていくうちに、子どもへの

興味が薄れ、ネグレクトにつながっていくというのだ。

風俗店の経営者の三上さんの憂いは、この心理分析につながるものがあるのではないか。三上さんの店で働く女性たちは、家族関係に恵まれていない人が多いというのは前述した通りだ。そのうち、十代後半や二十代前半の若年で子持ちの女性が、一定の割合を占めているという。

こうした多くの女性たちは、中卒、高校中退など、学歴の面でも不利な状況に置かれているケースが多い。勉学に打ち込めるような環境ではない家庭の出身。スマホの文字は打てても、文章を読んだり、理解することは苦手だ。

「こうした女性たちが次々に子どもを妊娠していく。そして子どもをきちんと育てるのも苦手。社会に適応することが苦手な母親に育てられた子どもが増えていくことは、日本の国力が弱まることにつながる。そんな中、今後仮に外国人労働者が次々に流入してきたら、日本人は太刀《たち》打《う》ちできないですよ」と、三上さんは国の将来を彼流の表現で心配していた。

こうした現実を、一般の人は具体的には知らないだろう。というよりも、風俗店の女性のことなど知らなくてもいいと思っている人が多いのではないか。しかし、社会はどこかでつながっている。自分の子どもと風俗店の女性の子どもが学校で同じクラスになるかもしれない。

ひいては、店の経営者が指摘するように、生活能力が低い子どもたちが増えることは、将来の社会保障の弱体化にもつながることである。それでも、自分には関係のない世界のことだからと切り捨て、知らなくてもよいことだということができるのだろうか。

「もっと風俗の女性の実態を世の中の人に知ってほしい」と、三上さんはカメラで店内を自由に撮影することを、許可してくれたのだった。

## 中学で母子家庭から家出し、辿り着いた居場所——ゆきえさん・二十七歳

店の待機スペース中央にある円卓のいすに座っていると、ぎこちない雰囲気の私に「新しく入店したの？」と、女性たちが親しげに話しかけてきてくれる。

時間帯によって、出勤してくる女性たちの年齢層が異なる。昼前後から夕方くらいまでは、三十代から四十代の母親。そして夜は若い女性たちが多い。女性たちの多くは、「店の居心地がいい」「スタッフが優しいのでなんでも相談できる」と、口を揃えたように話していた。

待機スペースで、とてもはつらつとした二十七歳のゆきえさんに出会った。いろいろな土地の祭りに参加して神輿《みこし》を担ぐのが趣味だという。

母子家庭で育った彼女の母親は看護師。母親との折り合いが悪く、中学のときに家出し、友

達の家を転々として過ごしてきた。高校には一応進学したが、すぐに中退。ずっと友達の家にいるわけにもいかず、自立するため、街でティッシュ配りなどのアルバイトをして食いつないできた。そんなときに優しい〝中年のおじさん〟と知り合いになった。そのおじさんは実は詐欺師で、いつの間にか騙されて多額の借金を抱えてしまった。十年経った今もその借金を返しているそうだ。

借金を負ってしまったため、本当は十八歳未満だと働けないのだが、年齢を偽ってキャバクラで働いた。しかし店のスタッフとの人間関係がうまくいかず、さらに出勤の時間に起きられなくて遅刻や欠勤を繰り返してしまい、店を辞めた。その後、生きるために、性風俗の仕事を始めたという。

風俗店では、出勤すると一日だいたい四万円くらいは手に入るという。しかし、浪費癖が強く、もらうとすぐに使ってしまっていた。

そんな彼女を心配し、「店のスタッフが親身に話を聞いて、借金を減らすために協力してくれた」とゆきえさんは話す。風俗店は、給料は基本的には日払い制だ。彼女の浪費癖を抑制するため、店が給料の一部を封筒に入れて、店の金庫で預かり積み立てをしてくれたという。

さらに彼女は、店の客にも癒されていると話してくれた。擬似恋愛的な関係とはわかっていても、客から優しい言葉をかけられると、それが嬉しいというのだ。「店は家族のような、家のような存在。休みの日でもふらっと立ち寄ってしまう」と彼女は話す。

風俗で働く多くの女性たちは、家庭や学校、就労の場、他者とのつながりなど、様々な場面で排除された結果、ここに辿り着いたという印象が強い。性を売る仕事を積極的に選んだというよりも、ここしかなくて辿り着いた人が多いのだと思う。

風俗の仕事で出会った一時的な人間関係ですら、心の隙間を埋め、〝精神的な支え〟になってしまうほどに、それまでの彼女の人間関係は貧しく、孤独な人生を歩んできたのではないかと感じた。

母子家庭で育った彼女は、経済的に決して恵まれてはいなかったようだ。しかし、経済的な貧困以上に、精神的な貧困が大きかったのだろう。

彼女の母親は、中学で家出した彼女を探してくれなかった。母親が再婚したことで、会ったことのない義兄弟がたくさんいて家族関係は複雑だという。さらに話を聞いていくと、幼い頃には、年上のいとこから性的虐待も受けていた。

明るい雰囲気の彼女から、こうした過去は微塵《みじん》も感じられない。しかし、今でも、気分が〝落ちる〟時期が定期的にやってくるという。数日間、布団から出られなくなるそうだ。

こうした彼女の寂しさを埋めた存在が風俗店のスタッフであり、客だという言葉に、非常な矛盾を感じた。

## 「娘が風俗店で働いてもかまわない」――ハナさん・二十一歳

店から紹介してもらった二十一歳のハナさんはとても明るく、店のスタッフにおにぎりを差し入れしたりする、とても気配りのできる女性だ。間もなく二歳になる女の子がおり、店から徒歩十分ほどの、繁華街の一画にある託児所に娘を預けてから出勤している。

ハナさんは十九歳のときに、新宿で出会ったホストの彼氏との間に子どもができて結婚した。それまで医療事務の仕事を続けてきたが、彼が「辞めたら」といったので、結婚を機に辞めてしまった。

しかし、結婚当初から夫の浪費癖に苦しめられた。夫の仕事も収入は安定せず、月一二万円ほど。その大切な給料をパチンコに使い込まれ、ハナさんは妊娠中も日々の暮らしのことで頭を悩ませてきた。

実家は近くにはあるが、生活に余裕はなく、まだ幼い妹がいるため、金銭的な援助は受けられなかった。そのため、ハナさんは出産直前の臨月まで、キャストの女性がすべて妊婦というマニアックな風俗店で働いていた。

子どもが生まれても、夫が生活を改めることはなく、明日の生活費にさえ悩む日々。出産後わずか一カ月で風俗の仕事を再開した。

そして〝どうしようもない夫〟とは一年で離婚。それまで公営の団地に住んでいたハナさん。生活を支えていたのはハナさんであり、小さな子どももいるので、当然、夫が家を出ていくと思っていた。しかし、夫は最後まで信じられない対応に出た。「俺の名義だから」と、まだ幼い娘とハナさんを家から追い出したのだ。

今は新しい彼氏ができて、子どもと三人でアパート暮らし。仕事のことは、彼氏公認だそうだ。忙しいときには彼氏に子どもの迎えに行ってもらっている。

ハナさんの一日を、出勤前の自宅から密着取材させてもらった。

ハナさんは昼からの出勤だが、建設業の彼氏が朝早く出勤するため、六時頃には起きて送り出す。そして、出勤の一時間半ほど前に娘を起こして準備に取りかかる。まだ小さな娘の寝起きの機嫌は悪い。子どもを抱っこしながら、食事の準備を始めたハナさん。同時に、託児所に持っていく夕ご飯用の弁当作りも進めていた。残った食事はきちんとラップして冷蔵庫に保存し、とてもしっかりした母親の姿が垣間見えた。

ハナさんは、店で週五日程度働いている。客から人気のあるハナさんは、指名の回数も多い。月に平均すると三〇万円くらいは稼いでいるという。ハナさんの趣味は貯金。通帳記入をし、見返すのが好きなのだそうだ。自分の生命保険にも入っているし、娘の学資保険は二社も加入している。貯金も娘の将来に備えてのことだ。

娘にご飯を食べさせた後は、出勤の準備を始めた。服を着替え、つけまつ毛をして、母親から女性の姿にどんどん変化するハナさん。つけまつ毛をつけた瞬間に、母親から女へとスイッチが切り替わったようだ。

化粧が終わると、語り口がそれまでの母親のものから、仕事モードのハイテンションなものに、変化したように感じた。

子どもを抱えながらインタビューに答えてくれたハナさん。

「仕事は長く続けられるものではなく、二十五歳になったら潮時かな。辞めた後は、保険のセールスレディになろうかな」と話していた。

今も近くに住む親には、仕事のことは内緒だ。IT関連の仕事をしていると嘘をつき通している。「親にもいえる仕事がいい」と話していたハナさん。ここまでは私も心情を理解できた。

しかし、ハナさんは、「稼ぎもいいし、娘がこの仕事をしたいといったら、それは別にいいよっていうと思う」とあっさりといい放った。甘えてくるまだ幼い娘を目の前にして、この子が「風俗」で働いてもいいと話すハナさん。

店の経営者の三上さんと話したときに、「貞操観念なんて、いつの時代の話ですか」と質問されたことがあったが、本当に、そういう意識など若い世代には存在しないのかもしれない。

## 小学校にほとんど通わず一人で過ごす——ノゾミさん・十九歳

風俗店での取材のほかにも、「風俗」の仕事をしているという女性に数多く出会って話を聞いた。多くは、なんらかの事情でアンダーグラウンドの世界へと落ちていった女性のようだった。

育った家庭環境による影響も大きい。保護者でなくても、〝特定の誰か〟からどれだけの愛情を受け、手をかけられて育ってきたかが、次の世代の子どもに大きな影響を及ぼすと強く感じている。

取材で出会った、髪の毛を金色に染め顔に複数のピアスをつけている十九歳のノゾミさんは、妊娠中だった。仕事は風俗店勤務。

「ホストの彼氏は同じ時期に別の女性にも妊娠させていて、そっちの女と結婚することを選んで、私は捨てられた」と話していた。出産後は子どもを養子縁組に出すという。

十九歳にして二度目の妊娠だった。一人目は中学生のときで、相手は同じ年の彼氏。出産したが、彼氏の親が引き取ったため、その後、子どもに会ってもいないし、行方《ゆくえ》も知らないと話していた。

彼女の母親は交際する男を次々に替えながら、男に依存する生活を続けていた。家に全然帰ってこなかった。小学校にはほとんど通わず一人で過ごしていた。母親が置いていった数万円のお金で、一カ月や二カ月を過ごすことが普通だったという。

そしてたまに帰ってきたと思うと、母親の新しい男に暴力を振るわれた。幼少期になんのいい思い出もないと話す。

一緒に誰かとご飯を食べたこともないのだろう。ノゾミさんの箸の持ち方はめちゃくちゃだった。

小さい頃のトラウマなのか、彼女は大きな音に過剰に反応してしまう。一時期、飲食店で働いていたこともあったが、皿が割れる音で、急に涙が止まらなくなったという。そういうことの積み重ねで、仕事ができなくなり、昼間の仕事は辞めたという。

中卒が最終学歴。就職することなど、最初からあきらめていた。気分が落ち込んで人に会いたくなくなり、部屋に引きこもることもしばしばある。でも、風俗の職場には、自分と似た子が多く、一緒にいて楽なのだという。

「最近、周りのお世話になった人が、三十歳になる前くらいで自殺して死んでいく。自分も将来像とか描くことができない」と表情乏しくつぶやいていた彼女。夢や希望などという言葉は、彼女の中に存在しないのだろうか。

生まれた環境が学歴にも大きく影響するとは、よくいわれていることだ。学歴が低いと就職に響く。家庭が安定しない女性は、若年で妊娠し結婚する傾向があることは先に述べた。そして若年結婚の離婚率は高い。

若くして妊娠した女性は、社会的に通用するスキルが乏しいため、就労することはさらに困難になる。また、日本では、離婚した女性のほとんどが、養育費を受け取っていない。ちゃんと受け取っているケースは、二割程度にとどまっている。こうした現状も放置され続けている。

取材から見えてきたものは、社会のセーフティーネットからこぼれ落ち、排除された女性たちが行き着く場所が、「風俗」だったという現実だ。収入が得られるだけではない。そこでは、生活支援、精神的サポートまでが繰り広げられている。

しかし、当然のことながら、それは女性にとって決して安全な仕事ではない。違法なサービスを強要され、妊娠し、さらに追い詰められていく女性も少なくない。

## 社会保障の敗北

若い女性たちからの相談を受け、生活支援を行っている一般社団法人「インクルージョンネットよこはま」の理事であり、臨床心理士の鈴木晶子さんは、困窮した女性たちへの支援で必要なのは、ワンストップで受けられるものだと話す。

住居、就労、そして育児支援サービスなど、生活に困窮した一人が抱える問題は、多岐にわたっている。行政による支援の制度があっても、縦割りでそれぞれがつながっていないことは、よく指摘されている問題だ。

若い女性は、特に支援とつながりにくいといわれている。勇気を持って公的な窓口に相談に訪れたとしても、一度、窓口で跳ね返されると、支援から遠ざかり、二度と窓口を訪れない。そのたった一度の機会で問題をキャッチし、いかに支援につなげ包括的なサービスを提供できるか。一人の人間の生活を支えられるかどうかは、そこにかかっている。

二〇一四年一月、「クローズアップ現代」で、『あしたが見えない～深刻化する〝若年女性〟の貧困～』と題し、風俗店で展開されている多岐にわたる支援をリポートした。その際、スタジオゲストとして出演した鈴木さんは、「性産業というのが、職と共に住宅であるとか、夜間や病児も含めた保育まで、しっかりとしたセーフティーネットとなっている。実際に公的なところで、こんなに包括的なサービスが受けられるかというと、そうではないというのが現実ではないか。これは社会保障の敗北といいますか、性産業の方がしっかりと彼女たちを支えられているという現実だと思う」と語った。

二〇一三年十二月に生活保護に陥らないための困窮者支援目的の「生活困窮者自立支援法」が成立し、二〇一五年四月からスタートする。

困窮状態にある人たちといかにつながり、包括的な支援につなげることができるのか。自治体や民間支援団体が、アウトリーチのあり方について、まさに模索している。

風俗店がセーフティーネットになっているという皮肉な現実を、いかに改善していくことができるのか。取材を続けていきたい。

第五章

# 妊娠と貧困

宮崎亮希
（NHK報道局社会番組部 ディレクター）

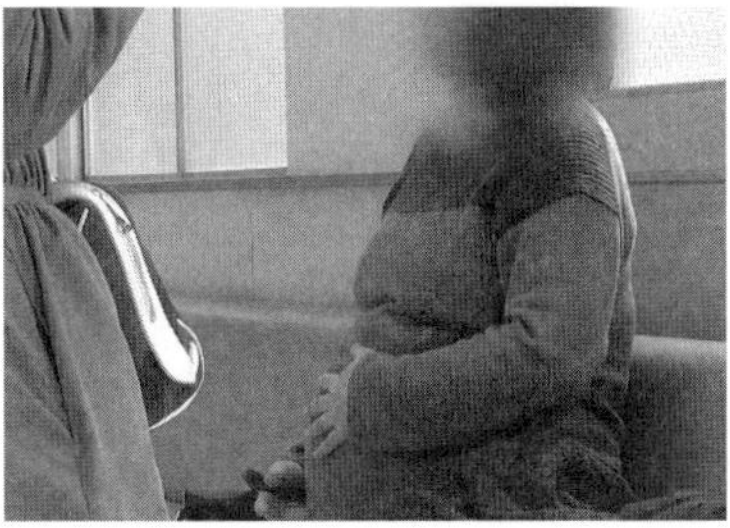

「若年女性」と「貧困」。この二つを結びつける現場を初めて取材したのは二〇一二年の秋だった。

当時、私は朝のニュース番組「おはよう日本」に所属し、村石記者と共に何本かのリポートを制作していた。共に二人の子どもを持つ母親であり、子ども虐待や、生殖医療にまつわる問題など、関心のあるテーマが共通していたからだ。しかしその当時は、虐待や子どもを持つ母親たちの生きづらさを伝えたいという思いはあっても、その背後にある「貧困」という大きな問題にはまだ気づいていなかった。

## NPO法人「Babyぽけっと」との出会い

「すごい取り組みをしている現場がある」と村石記者が知らせてきたのが、茨城県にあるNPO法人「Ｂａｂｙぽけっと」だ。

子ども虐待の大きな原因の一つである「望まない妊娠」（今は生まれた子どもへの配慮から「予期せぬ妊娠」といわれている）。子どもの存在を受容することが難しく、妊婦検診の未受診や、飛び込み出産、出産後のネグレクトなどを引き起こす要因になる大きな問題だ。その頃生まれたばかりの子どもが遺棄されるという事件が相次いでいたこともあり、「予期せぬ妊娠」

について取り上げたいと取材をしていた中で、「Ｂａｂｙぽけっと」と出会うことになった。

「Ｂａｂｙぽけっと」は、妊娠したものの、自分では育てられない女性たちが産んだ赤ちゃんと、子どもを育てたいと希望する夫婦との特別養子縁組を仲介するＮＰＯだ。こうした取り組みを行っている団体は日本国内に十五ある。その多くは出産後、病院に出向いて、母親から赤ちゃんを引き取る仕組みを採用しているが、「Ｂａｂｙぽけっと」では、妊娠中の女性たちが暮らす寮を用意し、出産まで支援している。

わが子を手放すという女性たちをなぜそこまで支えるのか。このＮＰＯの取材を通して私たちは、「妊娠」が一部の女性にとっては喜びどころか生活を脅かす大きなリスクでしかないという現実に初めて気づくことになった。

## 縁もゆかりもない町で出産を迎える女性たち

ＪＲ土浦駅から車で十分。大きな宗教法人の建物などを横目に見ながら山道を登っていくと、築三十年は経っているであろう平屋のアパートが六棟並んで建っている。その奥に建つ一軒の民家がＮＰＯ法人「Ｂａｂｙぽけっと」の代表、岡田卓子さんの自宅兼事務所だ。

「まあー、東京からはるばるご苦労様です！」。笑顔と茨城なまりの大きな声で出迎えてくれた岡田さんは、小柄だがエネルギーの塊のようなパワフルな女性だ。岡田さん自身が特別養子縁組で娘を迎えた経験を持つ。赤ちゃんが遺棄される事件が跡を絶たないことに疑問を感じ、子どもの命を救う手段としての特別養子縁組を広めたいと、十年以上前から事業を手がけるようになり、二年前に独立したNPOを立ち上げた。

「詳しい話は母子寮でしましょう」と岡田さんに案内されたのが、自宅の隣に並ぶ平屋のうちの一つだ。岡田さんの母親が所有する六棟のアパートのうちの二つを、妊娠した女性たちの寮として使っているのだという。通された平屋は、昭和の時代を感じさせる。床は板張り、建具のガラスもレトロな柄で、お風呂はバランス釜というのだろうか、古い団地によくあるタイプの浴槽がコンクリート張りの床に据えつけられている。「古いから夏は暑いし、冬は寒いし。でも漫画喫茶よりかは、居心地はいいでしょうよ」と岡田さんは豪快に笑う。一棟の定員は二人。出産を終えて一人が帰っていくと、次の日にはまた一人妊婦がやってくるといった状態で、寮が空いていることは最近ではほとんどないのだという。

茨城の小さな町に、大きなおなかを抱えた女性が全国から集まってくる。そんなことが本当に起きているのだろうかと訝《いぶか》しく思っていたところに、岡田さんの携帯電話が鳴った。

「今何カ月ですか？」

「検診には行っていますか？」

「彼氏は？　電話に出てくれない？」

電話から漏れてくるのは女性の声だ。内容は深刻だが、岡田さんはこうした電話に慣れているのだろう、必要な情報を淡々と聞き出していく。私たちが話を聞いた二時間ほどの間にも、岡田さんには全国各地の女性たちから電話が頻繁にかかってくる。中にはいたずらや、「避妊をしなかったが妊娠するだろうか」という、対応のしようがない相談も含まれているのだが、多くは中絶できる時期を過ぎたが、子どもを育てる見通しが立たないという女性から、切迫した状況でかかってくる。七カ月や八カ月ならまだいい方で、中には予定日を一週間後に控えて一度も妊婦検診を受けていないというケースや、臨月が間近に迫っても、住む場所がないためにネットカフェで生活しているというケースまである。

岡田さんが次から次へと紹介してくれるエピソードの一つ一つが衝撃的すぎて、唖然《あぜん》とするあまりメモを取るのも忘れるほどだったが、そんな女性たちとの出会いはすでに岡田さんの日常になってしまっていた。

「やっぱり経済力がなくって、生活できないという女性が断然多いかな。女性ですから野宿をするっていうのはないでしょうけど、家出したまま友達の家を転々としていたとか、おなかが大きいのを隠して風俗で働いて、お金が続く限りネットカフェでぎりぎりまで粘って暮らしていたという子もいましたね。一件や二件だったらね、えー！　と思うんですけど、やっぱり年間通して多いので、今の若い女性の世界ではこういう事態は珍しくないんだなって思いますね。日本はどうしちゃったんだろうとは思いますけど」

女性たちの事情は様々で、中には一つの命を宿しているという自覚さえ感じられないケースもあるというが、「子どもを守る」という目的を見失わなければ、「子どもを宿している母親を支える」という方針は揺るがないと岡田さんはいう。

「ちょっとおかしいんじゃないのって思うこともありますけど、ほとんどの方はわらにもすがる思いで相談してくるというのが、本当のところだと思います。たくさん問題を抱えている親も多いんですけれども、元気な子を産んでもらうということに重点を置いて、まずは食べることと寝るところと医療が受けられるという最低三つの条件だけはクリアできるように考えています」

妊娠と出産。自分の体や生活が大きく変化する出来事であるだけに、周囲の人の支えは欠かせないものだ。自分自身の経験から考えても、親やパートナーの存在なしに出産を迎える不安は計り知れないものがある。

縁もゆかりもない町で、見ず知らずの人を頼りに出産を迎える女性たち。何が彼女たちをそこまで追い詰めているのかをどうしても知りたかった。

私たちは〝養子縁組の暗いイメージを変えたい〟という思いから、取材に積極的に応じているという岡田さんの了承を得て、NPOで出産を迎える女性たちを長期取材することにした。

## 元彼の子どもを妊娠、前日まで漫画喫茶に――真由さん・二十九歳

取材を始めた二〇一三年一月、すでに寮で暮らし始めていた二十九歳の山本真由さん（仮名）に私たちは出会った。

一七〇センチ近い長身で、ノーメイクでも目鼻立ちのはっきりしたきれいな女性だ。明るく染めた髪や爪もきちんと手入れされていて、寮のこたつでお茶をすすっている姿が妙に浮いて見えた。

東北地方出身の真由さんは、高校卒業後上京し、主にキャバクラで働いて生計を立ててきた。最後に勤めていた歌舞伎町の店は、彼女曰く「レベル高め」の高級店だったという。

真由さんには長年交際している相手がいた。歌舞伎町のホストクラブで働く同い年の男性だ。すでに一緒に暮らしていたこともあり、妊娠したことを打ち明ければ、「育てよう」といってくれるはずだった。しかし、真由さんが身ごもった子どもの父親はその男性ではなかった。

数カ月前、交際していた男性と喧嘩をして別れていた時期があり、妊娠したのはそのわずかな間だけつき合っていた男性との子ども。妊娠に気づいたのは、復縁してからすぐのことだっ

た。

「前の彼氏の子がおなかにいて、『出産していいよ』っていう男って、まぁいないですよね。岡田さんにもいわれました。それは難しいよって。そこまで包容力のあるというか、前の男の子どもでも一緒に育てるよっていうのはまぁ無理だねって。私もそう思うし」

自嘲気味に話す真由さん。〝元彼の子ども〟が容易に受け入れられないだろうことはよく理解できる。日に日に大きくなるおなかを抱えて、途方に暮れていた真由さんは、別れて以降連絡を絶っていた子どもの父親にも知らせることにしたという。

「こうなっちゃったから仕方なく連絡したんですけど、『ちょっといろいろ考えて連絡するよ』っていわれて、それから一切連絡ない。一回も連絡ないです。まぁ私もピンとこないまま、ちょっと第三者的な感じで淡々としゃべっちゃってたんで。普通はいうものなんですかね、『あんたの子なんだから責任取りなさいよ！』って」

キャバクラで働き、月五〇万円近い収入があったという真由さん。趣味の手芸を生かして、手作りの小物をインターネット販売する事業を立ち上げるため、蓄えをその資金としてつぎ込んでいた。手持ちのお金はなく、おなかが目立ってきたため店も辞め、家賃が負担できないと住んでいた部屋も解約。彼氏の部屋に居候をさせてもらい過ごしていたが、いよいよおなかが大きくなると気まずさに耐え切れず、漫画喫茶で過ごしていたという。そのとき、インターネットで見つけたのが「Ｂａｂｙぽけっと」のホームページだった。

「岡田さんには夜中に電話しました。夜中の三時くらいに。第一声はなんていっていいかもわかんなくて、しゃべれなくて、岡田さんに、『まだたぶん決心がついてないと思うから、きっちり決めたらもう一回連絡してください』っていわれたんですよ。ここが見つからなかったとしたらどうなっていたんですかね……」

## 家族や友達がいても、頼るのは見ず知らずの人

もう悩むことをやめたように、淡々と経緯を語る真由さん。妊娠してからの転落ぶりはあまりにもあっけないものだった。撮影のためにと、キャバクラで働いていた頃の写真を見せてもらったことがある。髪を高く盛り、きらきらしたドレスを着てワイングラスを持つ真由さん。お店の同僚と〝オール（朝まで）飲んだ〟日の真由さん。お店には熱心に通ってくれる常連客がいて、歌舞伎町を歩けばたくさんの友達が声をかけてきた。しかし今、妊娠した真由さんは、土浦の平屋のこたつに一人入っている。荷物はキャリーバッグ一つ分しかなく、着ているのは寮に来た女性たちが残していったマタニティ用のジャージだ。財布にはもう、一〇〇〇円札が数枚しか入っていない。

「家族を頼ることはできなかったの?」と聞いてみた。両親は離婚しているが、母親のことは「ママ」と呼び、ブログには笑顔で写ったツーショットの写真も掲載していた。歳の近い姉もいて、家族の関係が悪いようには思えなかった。私たちの問いに真由さんは、母親には妊娠したことを隠しているといった上で、自分が蒔《ま》いた種だからと何度も繰り返し、それ以上は何も語らなかった。家族には相談できないが、インターネットで知った初対面の岡田さんにはすべてを打ち明けることができる理由を、真由さんの言葉から見いだすことは、最後までできなかった。

「姉には、ここにいることを話してます。でもうちは、なんていうんですかね、自主独立的な家庭で、何するにも私は親に止められたことはないし、あんたが決めたことならそうしなさいっていう感じなんです。もちろんお姉ちゃんもそうで、あんたが決めたならっていう感じでしたね」

家族がいても、友達がいても、真由さんは一人だった。

岡田さんもいう。

「両親がちゃんといても話せないとか、ひとり親でなかなか家に帰ってこないとか、家庭が崩壊しているという状況の相談はすごく多いですよね。一番身近で救ってもらえるはずの家族にいえないという女性は本当に多いんです」

## 産後すぐ〝キャバクラで働く〟

取材を始めてからおよそ一カ月後、真由さんは女の子を出産した。三八八〇グラム。顔立ちのはっきりしたきれいな赤ちゃんだ。おなかに入っている頃から関わっていたと思うと、無事に生まれたことへの感慨はひとしおだったが、退院後の真由さんを訪ねてみると、彼女の心を占めていたのは、子どものことではなく、今後の生活への不安だった。

真由さんがスマートフォンで熱心に検索していたのは、格安で入居できるシェアハウス。敷金礼金の負担がなく、都心部に暮らせるのが人気だという。女性専用の物件は若干家賃が高いのだと、真由さんはぼやいていた。

さらに真由さんは、出産から一週間足らずでもう働き出そうとしていた。

「とりあえずタイニュウでつなごうかな」。〝タイニュウ〟とは、キャバクラの体験入店という意味だ。体験入店すれば日払いで給料がもらえる。真由さんはしばらくいろいろな店で体験入店を繰り返し、短期間でまとまった現金を作ろうと計画していた。

「産んだら一気に現実に戻った感じですね。本当に。あれもやんなきゃ、これどうしよう、リアルに今度は生活の心配をしなきゃいけない。シェアハウスも、敷礼はないけど、預け金みたいなのが結局必要だし。とりあえず一〇万作りたい。体はきついけど、仕方がないですね。お酒は飲めなくても座れればなんとかなる。座っていられれば。でもおなかのぽっこりは、どう隠そう。締めてればごまかせるっちゃ、ごまかせるかな」

産後は少なくとも一カ月ほど体を休ませた方がいいとよく聞く。九カ月にわたって子どもを守ってきた体は大きなダメージを受けている。おなかは簡単には凹まないし、切開した会陰の傷が治るまでは長時間座っていることも難しい。母乳を止める薬も飲んでいた上、真由さんはひどい貧血にも悩まされていた。産後すぐの体でキャバクラ勤めなどできない。私たちは行政に相談した上で、生活保護を受けるべきではないかと真由さんに話したが、反応は鈍かった。

「生活保護って審査みたいなのあるんですよね。行ってすぐその場でもらえるのかな。生活保護で子育てしてる人もいるんですかね。いるのかな。でもどこに住んでるんだろう、その人たちはって思ってしまって。生まれてしまえば働けるじゃんみたいな感じだから。なんとかなるんじゃないかな。体がしんどいのは当たり前だからしょうがない。ただ、こんなに何カ月もお酒を飲んでなくて、飲めるかなって心配だけど」

## たった一度だけ抱いた赤ちゃん

出産から九日後、真由さんは寮を出ることになった。どこで暮らすのかと聞けば、別れた彼氏の家だという。この数日、電話で連絡を取り合い、もう一度やり直すことになったそうだ。とりあえず、産後すぐの体でキャバクラの仕事に戻る必要はなくなったことに、私たちは少しほっとした。

寮を出ることは、同時に子どもとの別れを意味する。子どもを手放し、養父母との特別養子縁組に同意する手続きの場に、私たちはカメラを構えて立ち会った。

出ていく準備を終えた真由さんの顔はすっきりとして見えた。妊娠中はノーメイクの顔ばかり見てきたが、メイクをして、濃いブルーのニットにショートパンツという真由さんの姿は、数日前に出産を終えた女性には全く見えなかった。

岡田さんが書類を抱えて寮に入ってきた。あまり深刻な顔は見せず、淡々と手続きを進めていくのは、なるべく母親たちの心を乱さないようにと考えてのことなのだろう。そして、こうした手続きを何度となく繰り返してきた岡田さんだからこそのやり方なのだろうと思った。

真由さんは岡田さんの説明に深く頷きながら、出された書類に次々とサインをし、はんこを押していく。子どもを養育できない理由と、特別養子縁組をして養父母に子どもを託すという内容が記された書類。書類は、これから始まる家庭裁判所での特別養子縁組の手続きに使われるという。自分の名前を丁寧に書く真由さんの手元に迷いは見られなかった。

書類を書き終えると、岡田さんは自宅に戻り、真由さんが産んだ赤ちゃんを抱いて戻ってきた。別れる前、一度だけ赤ちゃんを抱いてもらうためだ。

「Ｂａｂｙぽけっと」では、出産した後の母親が赤ちゃんと触れ合うことはない。このルールを知ったときには、あまりにも酷だと感じたが、それには岡田さんの経験に基づく考えがあった。

出産後、母親の精神状態はとても不安定になる。マタニティブルーといわれる抑うつ的な状態になることもあれば、高揚感に満ちあふれることもある。赤ちゃんと長時間触れ合うことで、出産前の決意が揺らぎ、「やっぱり育てたい」といい出す女性が少なくないのだ。

考えた末に、自分で育てると決めた場合、岡田さんは、赤ちゃんと共に女性を送り出す。しかし、赤ちゃんへの愛情が芽生えたとしても、「養子に出そう」と考えるに至った生活環境は出産後も変わっていない。実際、翻意して子どもを連れ帰った女性が数カ月後に「やはり育てるのは無理でした」と連絡してくるケースもあるのだ。子どもと母親との愛着関係が生まれてから、再び引き離すことは子どもにとっては深刻なダメージにもなる。それを避けるため、岡田さんは出産後の赤ちゃんとの接触を制限して、女性たちに冷静にこれからの生活のことを考えてもらうことにしているのだという。

一方で、岡田さんは寮を出る女性たちには最後に一度だけ子どもを抱かせることにしている。

子どもを産んだという事実を、決して忘れないでほしいという思いからだ。次に子どもを産むときは、喜んで命を迎えられる暮らしをしていてほしい。「生まれてくれてよかった」と子どもにいってあげてほしい。そんな岡田さんの思いが、〝最後のだっこ〟には込められている。

真由さんの赤ちゃんを引き取る両親はすでに決まっていた。九州地方に住む夫婦。妻はこれまで四回もの流産を繰り返してきたが子どもをもうけることができず、特別養子縁組という道を選んだという。赤ちゃんには養父母の決めた名前がつけられる。家庭裁判所の審判を経て縁組が認められれば、赤ちゃんは養父母の実子として扱われることになる。

腕の中にすっぽりと収まるほど小さな赤ちゃんを岡田さんから受け取る真由さん。その手足をなでながら、真由さんは終始笑顔だった。

岡田さんが静かに聞いた。

「どういう親になってほしいとか。どういう子どもに育ててほしいとかなんでももしあれば」

「子どもの近くにいてあげてほしい。それは私が一番できないことだから」

わが子と過ごす時間は、一時間足らずで終わった。

「じゃあ、行きますね」

ずっと赤ちゃんの小さな指をなでていた真由さんに、岡田さんが声をかけた。

黙って真由さんは頷き、岡田さんは赤ちゃんを抱いて寮を出ていった。

目の前で起きている出来事に、私たちはどんなことを聞けばいいのか全く思い浮かばず、じっとそばに座っていることしかできなかった。

「本当にいいんですか」

そう聞くべきだったかもしれないし、聞くべきではなかったのかもしれない。でも、どんな言葉も出てこなかった。

寮のドアが閉まる音が小さく聞こえた直後、真由さんの目から涙があふれた。

決して嗚咽をもらすことなく、静かに、静かに真由さんは泣いていた。

目を覆った指の間から、涙の筋が光って見えた。

出産までの間、決して心を揺らすことなく過ごしてきた真由さんの涙を、私たちはずっと見つめているしかなかった。

寮を出た後、真由さんは彼氏が暮らす歌舞伎町へと戻った。

その後しばらくして彼女と再び会う機会があった。子どもを産んだ後も、生活は以前のままだ。ギャンブル癖のある彼氏とはよく揉めているし、キャバクラの仕事も辞められそうにない。

やけに明るく、吹っ切れた感じの話しぶりだった。子どもと別れたとき、静かに涙を流していた真由さんの面影はすっかり消えてしまっていた。

その後、名古屋の歓楽街で働くことになった彼女とは、連絡がつかなくなった。

番組「おはよう日本」では、真由さんの出産と赤ちゃんとの別れ、そして赤ちゃんを岡田さんが養父母のもとへ届けるまでを放送した。子どもの命をどう守るのかという視点で始めた取材だったが、私はむしろ、「Ｂａｂｙぽけっと」しか頼る場がなく、子どもとの別れという想像を絶する経験を経て、また元の生活へと帰っていく女性たちのことが気になって仕方なかった。

なぜ彼女たちはここまで孤立しているのか。子どもの父親である男性は何をしているのか。そして宿した命を手放すということが彼女たちに何をもたらすのか――。わき上がる様々な疑問に答えが見つけられるのかはわからないが、もう少しこの現場を見つめてみたい。岡田さんの了解も得て、私たちは「Ｂａｂｙぽけっと」を舞台にしたドキュメンタリー番組を制作すべく、取材を継続することにした。

## ネットカフェからプーさんのバッグ一つで――陽子さん・二十三歳

「ネットカフェで暮らしている子から相談が入った」

岡田さんから連絡をもらったのは二〇一三年六月。相談してきたのは二十三歳の女性だ。手持ちのお金も尽き、寝泊まりする場所がなくなるので寮に入りたいといっているという。私たちは岡田さんと共に待ち合わせ場所の上野駅に向かった。上野駅はちょうど帰宅ラッシュの混雑が始まっていた。岡田さんの携帯電話には、女性から自分の特徴を記したメールが送られてきていた。

「紺色のワンピースで、プーさんのバッグを持っています」

「二十四週の終わりっていうから、六カ月の終わりくらい。病院に行ったのはおとといで、その一回しか病院に行ってないと。電話ではしっかりしゃべってましたね、恥ずかしながらこういう状況ですって。しっかりしてました」

約束の六時から二十分ほど過ぎて女性は現れた。女性の名は片山陽子さん（仮名）。肩につくくらいの髪に、紺地に白い水玉のワンピース。くまのプーさんのプリントの大きなビニールバッグを手にしている。岡田さんが駆けよってプーさんのバッグを受け取った。

岡田さんと陽子さんを車に乗せ、私たちは土浦へと向かった。女性は最初、私たちに怪訝《けげん》そうな目を向けていたが、話を聞きたいというと了承してくれた。「Ｂａｂｙぽけっと」を知ったのも、ＮＨＫの放送を見たからだという。

一時間以上ある道中で、岡田さんや私たちの質問攻めにあった陽子さん。その話し方は実にドライなものだった。

岡田さん（以下、岡）　自分の私物はどうしてるの？
陽子さん（以下、陽）　いやもう、何もなく、かばん一つで。
岡　ネットカフェには長くいたわけ？　それとも転々と？
陽　二店舗くらい利用していたんですけど。
岡　長く契約すると安い？
陽　そんなことないです。一日三三五〇円で。

関東地方出身の陽子さん。両親は離婚し、母親と兄との三人暮らしだった。家族との折り合いが悪く、高校卒業後に上京。寮つきのキャバクラで働いて月三〇万円ほど稼いでいたが、オンラインゲームにはまり、収入のほとんどをつぎ込んでいたという。家賃が払えなくなりネットカフェで寝泊まりする日々の中で、妊娠が発覚した。

陽　四月の終わりくらいですかね。気持ち悪くなっちゃって。つわりなのかなみたいな。

岡　妊娠に至る経緯は？　おなかの赤ちゃんの父親は自分ではわからない？
陽　そうですね。

子どもの父親のことを、陽子さんはほとんど語ろうとしなかった。このとき、私たちに話すことはなかったが、岡田さんとの事前のやりとりの中で、不特定の人と関係し、お金を受け取ることがあったと話していたという。

陽　結構、一日ぎりぎりのお金で過ごすことが多かったので、もう、その、相手と一緒になるときっていうのは、だいたいお財布の中に数千円、数百円しかない状態で、そういうの考えてられない。避妊してるから大丈夫だろうと。
岡　どんな生活をしていても、こういうことでお金をもらって、生活しちゃいけないんだよね。絶対こういう仕事から足を洗おうっていう気持ちはあるでしょ？
陽　そのときはもう、これ（妊娠）がわかっていた状態だから。自分も生きるために。

## 「母性はぶっちゃけいって、ない」

岡田さんと陽子さんとのやりとりを聞きながら、あまりの内容に私たちは呆気《あっけ》に取られていた。さらに強い違和感を覚えたのは、陽子さんの口ぶりだった。アニメのキャラクターっぽい声というのか、甲高い可愛い声をしているのだが、話しぶりがぶっきらぼうで、岡田さんに対しても怒っているというか〝キレ気味〟なのが気になった。

おなかの中に、確かに命が息づいているということを忘れてしまっているようなそぶりに、隣にいた村石記者がたまりかねたように尋ねた。

村石（以下、村）　育てるっていう選択はなかった？

陽　いやもう、むしろ自分の命も捨てようかと思ってたくらいだから。もう一緒に首でも括ってしまった方がいいんじゃないかとか思ってたくらいだから。

村　中絶はしたくなかった？

陽　中絶したくなかったというよりは、本当にできなかった。経済的にもできなかった。

村　赤ちゃんに対してはどんな気持ち？

陽　元気だな〜みたいな感じですね。胎動はすごいですね。母性があるかっていわれると、ぶっちゃけいって、ない。

思わず顔を見合わせてしまった。
おなかの子どもに対して、あまりにも乾いた言葉を繰り返す陽子さん。しかし、そんな陽子さんが涙を見せるやりとりがあった。岡田さんがオンラインゲームについて尋ねたときだ。

岡　ネットカフェにいて、自分ではそんなに苦痛じゃなかったわけ？
陽　オンラインゲームの仲間が結構周りにいたので。友達、友達以上かもしれないです。つながりは結構濃いです。
まぁ、なんかここまで来て男の話になっちゃうのかと思われるかもしれないですけど、まぁ、ゲームの仲間の中に自分を好いてくれる男性がいて、顔も知らない相手だけど。その人には、あたしは問題があるから、あたしなんかを選ばない方がいいっていったんですよ。もっと普通の女の子好きになった方がいいって、そういったんだけど、もう、オレ覚悟できてるから、みたいな。
岡　それで（死ぬのを）踏みとどまったの？
陽　ここからなんとかなるかなみたいな。
岡　その彼のところには行けないの？
陽　だって顔も知らないんで、実際。文面なり、声でしか。

メガネを外し、ハンカチで涙をぬぐいながらそう話した陽子さん。

実家に帰れば家族がいて、自分のおなかには赤ちゃんがいて、それでも彼女を支えてくれるのはオンラインゲームで知り合った文面と音声だけが頼りの相手だ。彼女の話す内容に、とても共感はできなかったが、計り知れない孤独を抱えた女性であることは確かなのだろう。

話が途切れると、土浦に着くまで陽子さんはずっと窓の外に目を向けたまま、こちらを見ることはなかった。

## ヘルス勤務、父親は誰か全然わからない――理恵さん・二十三歳

もう一人、忘れられない女性がいる。

妊娠八カ月で土浦にやってきた二十三歳の吉岡理恵さんだ。

岡田さんが運転する軽自動車の後部座席に乗せてもらい、ＪＲ土浦駅で待っているという理恵さんを迎えに行った。

駅前に立っていたのは、鮮やかな花柄のロングワンピースを着た、きれいな女性だった。

「わざわざ迎えに来ていただいてすみません」

明るくはきはきとした話し方。寮に入ると玄関でみんなの靴を並べる気配り。理恵さんはとても場違いな雰囲気を醸し出していた。おずおずと「取材をしています」と申し出ると、「わかりました。私でお役に立てば」と笑顔で応える様子にも、私たちは面食らった。
理恵さんは岡田さんの質問にもいいよどむことなく答えていった。

岡　妊娠にはどこで気がついたの?
理恵さん（以下、理）　生理らしきものが八月から十一月までずっと来てたんですよ。一週間ずつ。十二月には一回不正出血みたいな感じで、二日くらいで終わって、ちょっとおかしいなと思ったんですけど、生理が元々すごい不規則なんで、ちょっと様子見ようかと。でもやっぱり来ないから二月に病院に行こうって思ってたんですけど、二月頭にいきなりおなかが出てきて。
岡　これは、と。
理　妹に聞いてみたんですけど、「生理が来てないから下っ腹が張ってるんじゃない?」って。でもさすがに怖くなって、検査薬やったら、結局ばっちり出てて。自分の中では堕《お》ろせてもぎりぎりくらいなのかなとか、とりあえず診てもらわないとって、次の日病院に行ったら、もう堕ろすのは確実に無理ですっていわれました。

関東近郊の海辺の町で生まれ育った理恵さん。

高校卒業後、地元の美容院で働き、夜はスナックでアルバイトをしていたが、そこで知り合った友人に誘われるままに上京。都内のキャバクラで働き出した。

部屋を借りる際の保証金や生活費をクレジットカードのキャッシングでまかなうようになり、数百万円の借金を抱えることになったという。

「貯金もゼロの状態から勢いで出てきて、最初生活費もなかったんで、『風俗』もやってたんですよ。（子どもの父親は）全然わかんないです。最近までやってたのがヘルスなんですけど、たぶんそこのお客さんじゃないかなと思うんですよね。私ピルとかそういうのは飲んでなかったし、やっぱり危ない行為は結構するんで」

このときの私は、「風俗」という仕事についてあまりにも知らなかった。「ヘルス」とは一般的に、女性が男性客に個室で性的サービスを提供する風俗店のことをいう。具体的にどういう行為をするもので、ほかにどんな種類があるのか、本番行為が禁止されているのになぜ妊娠するのか。今考えると本当に無知だったのだが、理恵さんの話を私は十分理解できないままに聞いていたのだ。

顔も覚えていない風俗店の客の子どもをおなかに宿した理恵さん。この日から私たちはその暗い心の中と向き合うことになった。

## 子どもの父親は「お大事に」といって去った――さおりさん・十九歳

理恵さんが暮らす寮にはもう一人の女性がいた。ＩＴ系の専門学校に通う原さおりさん（仮名）、十九歳。同い年の彼氏と別れた後、妊娠に気づいた。さおりさんも理恵さん同様に、中絶できる時期を過ぎるまで妊娠に気がつかなかったという。これまで取材を通して何人もの女性に話を聞いてきたが、大半が「元々生理不順だから」という理由で生理が遅れていると気づいていても放置し、おなかが大きくなって初めて妊娠に気づくという経緯を辿っていた。生活のリズムや食生活も不規則で、自分の体調の変化に無頓着な若い女性が非常に多かった印象がある。

「Ｂａｂｙぽけっと」で取材した四人の中で最年少のさおりさんは、ゲームやアニメが大好きで、男性のカメラマンをからかう明るい女の子だ。落ち着いた様子は全くないどころか、腹ばいになってお腹をバウンドさせ、「いいクッションになる」と遊ぶ様子に、村石記者が本気で怒ることもあった。

そんなさおりさんも、詳しい話を聞いてみると大きな葛藤の末の決断だったことがわかる。

いつもは見せない表情で話をしてくれたのは、携帯電話に残っている子どもの父親の写真を見せてくれたときのことだ。

「この頃は仲よかった。十一月一日だったかな。最初は避妊してましたね。最初だけだな、あいつも。なんか、（コンドームを）持ち合わせてない、みたいな。彼氏に買ってこいっていったじゃんっていっても、ゴメンとか。確信犯なのかな。今まで、そんなに避妊してこなかったんで、だからたぶん油断してたんだと思う。今まで大丈夫だったから」

晩産化が進む今、あまりにも早すぎるように思える十九歳での妊娠。しかし、さおりさんの地元の高校では、決して珍しいことではなかったという。

「結構、一クラス分くらい（の生徒が）いなくなる。四十人くらい（退学して）消えるので。大体、ほとんどやめるのは男で、頭悪いとか、謹慎かかったから面倒くさいからやめちゃうとかですけど、女の子でやめていった子で今、どうしているのか聞くと、だいたい、みんな〝あいつ子ども産んだよ〟みたいな感じですよ」

さおりさんも、子どもを産むしかないといわれたときは、自分で育てようと考えていたという。子どもの父親とはもう別れてはいたが、子どもができたと伝えれば「結婚して育てよう」といってくれるのではないか、と期待していたという。相手がそういってくれれば、さおりさんも結婚しようと思っていた。しかし、相手には全くその気はなく「産んでも責任は取らない」の一点張り。挙げ句の果てに子どもの父親は、帰るさおりさんに向かって信じられない言葉をかけたのだ。

「〝お大事に〟って！　その場でぶん殴ってやろうかと思いましたよ。それをぐっと抑えてにこって笑って、さようならっていって。泣きはしなかったけど、〝あいつダメだわー〟みたいな。そしたらお母さんが、〝男なんてそんなもんだよ〟って」

無責任に去っていった子どもの父親。それでも両親の協力があれば、シングルマザーとして育てていく道もあったはずだ。しかしさおりさんは、その時点で子どもを育てることをあきらめたという。さおりさんが結婚に固執するのには理由があった。

さおりさんは四歳のとき、両親の離婚を経験した。母子家庭だった小学生の頃は経済的に厳しい生活を送っていたという。その後母親は再婚し、義理の父と暮らすようになったものの夫婦仲は悪く、さおりさんが喧嘩の仲裁をすることも多かった。

「あんまり自分と同じ経験をさせたくないとは思いますね。貧乏な生活とかも味わわせたくないし。お父さんの方に行ったり、お母さんの方に行ったりした時期もあったんで。自分がそういう道を歩んできたじゃないですか、親が離婚するっていう。味わってきたからこそ、なんか、片親いないのはさすがにかわいそうだなとしか思えなくて」

寮で生活している間も、専門学校の試験に備えて勉強をしていたさおりさん。出産のせいで一年留年することになり、学費の負担が増えることを気にかけていた。大きなおなかをなでながら、「早く就職して、親にお金を返したい」と話しているときの申しわけなさそうな顔が今も忘れられない。

## おなかの子どもが動いているだけで気持ち悪い

理恵さんの取材を始めて二週間、妊婦検診に同行した。体重の増加を防ぐため、毎日寮の近くの河川敷を歩いているという理恵さん。体調はよさそうだ。

検診を受けるのは、市内の産婦人科。ここは「Ｂａｂｙぽけっと」の協力病院で、岡田さんのもとに来た女性たちはみな、ここで検診を受け、出産する。多くの女性が妊婦検診を受けておらず、いわゆるハイリスク妊娠だ。赤ちゃんをエコーで見て初めて、自分が勝手に予想していた予定日とは全く違っていたとわかることも珍しくない。中には、梅毒など深刻な性感染症が発覚することもある。女性たちの事情を理解し、リスクを承知で受け入れてくれる病院の確保が何よりも難しいのだと岡田さんから何度も聞かされた。

待合室に座る理恵さんの姿は、私たちには少し異様に見えた。せり出したおなかに手を添えることはなく、両手は〝気をつけ〟の位置に置かれている。決しておなかを触ろうとはしないのだった。

「なんだろう、冷たいのかもしれないけど全然話しかけてもいないし。最初は動いてるのも気持ち悪いとしか思えなくて。いるのはわかってるんだけど、物体としてというか、産んで見てみるまでわかんない」

背筋がひやっとするような言葉だった。私たちに対していつも礼儀正しく、岡田さんのことを「尊敬する恩人」だという彼女が、おなかの子どもに対してそんな認識を抱いていることに驚かされた。とはいえ、父親は風俗店の客だという現実を考えると、子どもに愛情を持てというのも無理のある話なのかもしれなかった。

一方で、理恵さんは意外な言葉も口にした。子どもが「自分に似ていてほしい」というのだ。気持ち悪いとさえ感じる存在の子どもが、なぜ自分に似ていてほしいのか。そこには理恵さんなりの最低限の愛情が込められていた。

「似てくんないと困る。相手が見当つかないから、誰だろみたいになっちゃうから。自分の嫌いな人種が父親なのに。確実に。わけわかんない人に似てほしくない。自分が最も嫌いな人種ですよ、だってこの世で。そっちに似ちゃったらすごく嫌ですね。かわいそう、なんか」

## 「普通に過ごすってなんていいものなんだろう」

診察室に呼ばれた理恵さん。

検診を終えて出てきた顔は心の底からがっかりしていた。

子宮口が固く、出産はまだまだ先だといわれたのだという。

「どうしよう。予定日より早く産みたいのに。まだまだ歩かないと」

病院を出た理恵さんは寮には帰らず、河川敷へと散歩に向かった。

歩くスピードは妊婦とは思えない。音楽を聴きながら、険しい顔でひたすら歩く。横から話しかけると少し息が切れるほどだ。妊娠中の女性は、体重の増加をゆるやかにするために、散歩をすすめられることが多い。また、適度に運動することで、お産がスムーズに進むともいわれている。

しかし、理恵さんが毎日熱心に河川敷を歩いていたのは、そのためではなかった。理恵さんは一日でも早く出産を終えるために歩いていた。借金の返済に追われていたのだ。

「帰りたいから。お金とか、早く返したいし。おいおいでいいのもあるんですけど、結構急ぎのやつもあるので。急ぎの方は額がでかすぎて、たぶん昼間じゃ返せないから、水商売からやんないと。産むことより、そっちの方が心配」

「Ｂａｂｙぽけっと」での共同生活は穏やかに続いていた。寮では自分で家事をする決まりだ。食材の買い出しも自費が原則だが、所持金が全くない女性には岡田さんが食費を手渡している。時には岡田さんの母親が畑で穫れたソラマメやほうれん草など、野菜を差し入れてくれることもある。

家事の苦手なさおりさんに代わって掃除や食事作りを担っていた理恵さん。さおりさんは「私、出されたものはなんでも食べるんで大丈夫です。手伝うと邪魔になるんで」と無邪気に笑っていて、年上の理恵さんは嬉しそうにさおりさんの世話を焼いていた。

ある日の夕方、味噌汁を作りながら理恵さんがつぶやいたことがあった。

「普通の生活って感じですよね」

夕方から始まる風俗店の仕事。夜通し男性の相手をして、家に帰るのはサラリーマンが出勤する朝だ。昼夜が逆転し、記憶がなくなるまでお酒を飲まなければ眠ることができなかった。

「普通に過ごすってなんていいものなんだろうって。やってみて思う。この方が、生きてる感じしますもん」

聞きながら、無性に切ない気持ちになった。

「風俗」という仕事は、彼女にどんな暮らしをもたらしてきたのだろう。

「風俗」の客の子を身ごもり、産んだ子どもを残して去っていくことが前提になっている場所に行き着いて初めて、普通の暮らしがすばらしいということに気づいた彼女に、かける言葉が見つからなかった。

## せめて自分に似ていてほしい

七月上旬、理恵さんは男の子を出産した。

分娩室の前の廊下から、新生児室の保育器に入った理恵さんの赤ちゃんがガラス越しに見える。生まれたばかりなのにぱっちり開かれた目が、理恵さんによく似ていると思った。

出産後の処置を終えた理恵さんが、ストレッチャーに乗せられて分娩室から出てきた。

私と村石記者はカメラに映り込んでしまわないように、慌てて近くの空いている病室に駆け込む。廊下にはカメラマンだけが残り、病室へ運ばれていく理恵さんの様子を撮影した。

病院での撮影から戻ってその映像を編集室で見たとき、私は胸がいっぱいになった。

理恵さんを乗せたストレッチャーは、赤ちゃんの保育器が置かれた新生児室の前で停まった。

顔だけを横に向けて、ガラス越しに赤ちゃんを見ていた理恵さん。横になったままではなかなか顔が見えなかったのだろう、しばらく目を凝らして見ていたが、くるっとカメラマンに顔を向け、「似てる?」と何度も尋ねていたのだ。

おそらくこれから先会うことはないだろうわが子。自分に似ているかどうかを確かめることはできない。それでも理恵さんは、どこの誰かわからない父親ではなく、せめて自分に似ていてほしいと最後まで願い続けていた。

## 仕事、住まい、人間関係。妊娠がすべてを奪う

「Babyぽけっと」では、ここに書き切れない多くの女性たちとの出会いがあった。子どもの頃から虐待の被害を受けている人、交際相手や配偶者からのDV、性暴力の被害者もいる。もっと愛情ある適切な育ち方をし、大切にしてくれるパートナーがいたら彼女たちの人生は、違った形をしていただろう。そう思わずにはいられなかった。

女性たちを見ていて痛感するのは、妊娠があっという間に安定を奪ってしまうという現実だ。非正規雇用の女性たちが妊娠を機に仕事や住まいを失うのはもちろん、正社員であってもぎりぎりまで妊娠を隠し、「急病になった」と職場に伝えてその間に出産をすませると、真剣に話

す女性もいた。

働くことができない間、支えとなる人もいない。親や兄弟との関係が希薄な女性たちが非常に多かった。親が生きているのかどうかもわからない、頼りたいけど逆にお金をせびられているという人もいる。彼氏やパートナーもあてにならない。妊娠を告げた途端、連絡が取れなくなったという話を、取材中に何度も聞いた。メールやＬＩＮＥで毎日つながっているのに、いざとなると住所や仕事先もわからないというケースはとても多いのだという。

他者の支えなしに、妊娠・出産を乗り切ることは極めて困難だ。家族もパートナーも職場も支えてくれない女性たちは、社会が支えなければならない。経済力がなくても安心して出産でき、子どもを育てていくための支援につながることができる仕組みがなければ、追い詰められた母と子を巡る悲劇は繰り返し起きてしまうだろう。日本各地から「Ｂａｂｙぽけっと」に年間七百件もの相談が寄せられる現実を、私たちは直視しなければならない。

第六章

# 〝新たな連鎖〟の衝撃

板倉弘政
（NHK報道局社会部　記者）

なぜ、今、経済的に苦しむ若い女性が増えているのか。

これまでも、「貧困」の問題は、その時代ごとに大きな社会問題になってきた。しかし、その多くは、男性に関するものがほとんどで、若い女性は、ある意味、置き去りにされてきたといってもいいかもしれない。

## ワーキングプア、派遣切り、そして貧困連鎖社会

二〇〇六年から二〇〇七年にかけて、「自由競争」「自己責任」が叫ばれた時代。その潮流に乗り遅れた人たち、こぼれ落ちてしまった人たちがいるのではないか。私たちは独自に取材を進め、NHKスペシャル「ワーキングプア」で、働いても豊かになれない、いわば働く貧困層の実態を一年以上かけてキャンペーン報道で伝え続けた。

二〇〇八年には、アメリカの投資銀行、リーマン・ブラザーズが破綻する「リーマン・ショック」が起き、世界的な金融危機につながった。日本では、自動車産業や電機メーカーなどを代表とする製造業における大規模な労働者派遣契約の打ち切りや、それに伴う派遣業者による労働者解雇や雇い止めが起きた。いわゆる「派遣切り」の問題だ。東京の日比谷公園にNPOが開設した「派遣村」も、この時代を象徴する出来事の一つで、各メディアは連日大きく

報道した。

しかし、その多くは、いずれも男性が正社員の仕事を失ったり、派遣の仕事さえ切られたりというように、男性の困窮に焦点をあてたものがほとんどだったのではないか。

その中で、女性たちの貧困、とりわけ若い女性の貧困が、ひそかに進行していたことが、今回の取材でわかってきた。

さらに、「ワーキングプア」報道の頃には、さほど語られることのなかった事態、親の世代の貧困が、子の世代へと連鎖していることがわかってきたのだ。

女性たちの貧困が放置されてきたがゆえに、いわば「貧困連鎖社会」ともいえる事態にまで至っていたのだ。

## キャリーバッグを手にした〝充電少女〟たち

東京・新宿駅。ＪＲ、京王電鉄、小田急電鉄、東京地下鉄（東京メトロ）、東京都交通局（都営地下鉄）が乗り入れる巨大ターミナル駅。周囲には、若い女性などの買い物客でごったがえすデパートやファッションビルがいくつも建ち並び、一日の平均乗降者数は、世界一多く三百万人を超える。

そんな巨大都市、新宿の雑踏の中に、色とりどりのキャリーバッグを手にした若い女性たちが次々と姿を現す。ピンクや水色といったパステルカラー。人気アニメのキャラクターが描かれていたり、キラキラきらめくデコレーションが施されていたりと、その趣も様々。時刻は午後九時過ぎ。デパートなど、買い物を楽しむ主だった店舗は閉まる時間のはずだが、ゴロゴロとキャリーバッグを転がす若い女性の姿が目につく。一見すると、地方から旅行で出てきた女性たちのようにも映る。

しかし、私たちがキャリーバッグの女性たちに一人一人声をかけて話を聞いていくと、こうした女性たちの中に、家賃が払えず、携帯電話だけを頼りに、深夜営業の店を渡り歩く女性が数多くいることがわかってきた。

キャリーバッグと携帯電話だけを頼りに街をさまよう少女たち。新宿・歌舞伎町に向かう通りを白と黒のゼブラ模様のキャリーバッグを引いて歩いていた若い女性もその一人だった。「十八歳です」と、うつむき加減に答えたこの女性は、ネットカフェや知り合いの家をキャリーバッグ一つで転々としてきたという。見た目は、どこにでもいそうな普通の女の子。おしゃれもしていて、とても「貧困」という言葉とは似つかわしくない女性だった。しかし、その生い立ちを聞いていくと、見た目とは違う深刻な経済状況があった。

「私、母子家庭なんです。小学校三年生のときに親が離婚して。私と妹をお母さんが働きながら育ててくれたんだけど、ずっとお金がなくて大変だったから。お母さんは、朝六時には家を出て、夜中の三時とか四時とかに帰ってくるような感じで大変だなみたいな。うちは裕福な家じゃないから」

この女性は、高校を中退し、新宿に出てきて、住み込みのアパートを提供してくれる居酒屋で働くようになったという。キャリーバッグを路上の片隅に置いて、立ち話のように話してくれた。

「まあ自立して、親から離れていきたいのもあったし、一人で暮らしたいのもあったんです。でも、迷惑っていうか、負担をかけたくないのもあった。お母さん、大変だし、妹もまだ小学生とかで、大変なので……」

今回の取材で、私たちは出会う女性には、必ず聞くことにしようと決めたことがある。それは、将来の「夢」についてだ。現状が現状だけに残酷な気もするが、夢は、誰だって思い描いていいはずのものだから、せめて夢だけでも聞かないことには、「そうか、今日は話を聞かせてくれてありがとう。頑張りなよ」と、取材を終えられないと思ったからだ。

「えっ、夢ですか？　夢は、保育士になりたかったんですけど、高校も中退したので、もうあきらめちゃって、今の仕事に集中してます」

夢よりも、今をどう生きていくかしか考えられない。キャリーバッグの持ち手を小さな手で握りしめながら話してくれた。私たちは「頑張りなよ」といってみたものの、その言葉は彼女にどう届いただろうか。夢に向けての言葉ではなく、現実をただただ生きていくことだけに向けられた「頑張れ」の言葉のように、受け止めたかもしれない。むなしい思いを抱かざるを得なかった。

## 「コンセントあります！」二十四時間営業のカフェ

全財産をキャリーバッグに詰め込んで、深夜営業の飲食店などを転々と漂流する少女たち。こうした女性たちが、夜になると大勢集まってくるカフェがあると聞いて、その場所に向かった。

新宿・歌舞伎町のど真ん中にたたずむ新宿区役所。そのほど近くにある二十四時間営業のカフェ。店の窓には「コンセントあります！」という大きな文字がプリントされ、通りゆく人たちの目を誘っている。

中に入ると、客に声をかけるのに疲れてコーヒーを飲んでいるホストやスカウトマンたちに混じって、ポツンポツンと若い女の子たちが所在なげに座っている。傍らには、キャリーバッグや大きなボストンバッグが置かれていた。私たちが街で出会ってきた漂流少女たちだと知ることができる。

彼女たちが座っているのは決まって、この店の売りの一つでもある「電源席」と呼ばれるシートだった。店の壁を白い蛇が伝うように、電源コードが席まで配置されている。泊まる場所がなく、カフェやファストフード店を転々としている漂流少女たちにとって、唯一のライフラインともいえるスマートフォンや携帯電話を充電しながら、朝まで時間を過ごしているのだ。宣伝文句のように「コンセントあります！」と、店の窓にプリントが施されていた意味がようやくわかる。

この店でも、私たちは、多くの女性たちに、ここに至るまでの話を聞いて回った。

髪の毛を薄い紫色に染めた女性。「電源席」に座るなり、バッグからスマートフォンの充電コードを取り出して充電を始めていた。

取材とはいえ、若い女性に対して、年齢が倍以上離れた男が声をかけるのは勇気がいる。そこで話の糸口を見つけようと、目立っていた髪の色や、店を初めて訪れて「電源席」というものの存在に驚いているふうを装って、軽い感じで声をかけた。

「何？　ナンパ？」

ララと名乗ったこの女性は十九歳だった。第一声は警戒心が漂っていたが、すぐに気を許したのか、一人で話を続けてくれた。

「髪の色はね、今回初めて、紫にしてみたんだけど。紫色って、好きでさ。スマホも財布も紫。爪も紫だ。ふふふふ」

「でも、やっぱり、スマホが一番大事な感じ。これがないとね、連絡ができないから。ここは、コンセントあるから、いるんだな〜。地下の席も、私みたいな女の子、結構たくさんいるよ」

話の糸口はつかめたと喜ぶ一方で、身なりも派手だし、単に街を遊び回っているだけの女性かもしれない。それであれば、今回の取材では意味がないなと思い始めていた矢先、「なんで、ここにいるの?」と聞いた私に、驚くような言葉が返ってきた。

「ああ、うちね、生活保護だから。お金がないから。親はあてにならないから、自分で稼ぐしかなくて。でも泊まる場所もないから、ここに朝までいるんだ」

## 親の離婚、施設育ち、生活保護、そして家出――ララさん・十九歳

生活保護を受けている親に頼ることができないという、ララさん。見た目とは裏腹の答えに驚かざるを得なかった。さらに、ここに至るまでの生い立ちも、実に波乱に満ちたものだった。

「私が小さい頃にね、親が離婚して、私はお父さんに引き取られたの。父子家庭ってやつ。でも、保育園を卒園して、すぐに施設に入ったんだよね。児童養護施設。虐待なのかって? わ

からないけど、もう一人お兄ちゃんがいて、二人は育てられないから施設に入ったんだよって聞かされてたんだけど。それから十八歳になるまで、高校を卒業するまで、ずっと施設にいた。それで、施設を出て、うちに戻ったら、なんだかわからないけど、お父さんはほとんど寝たきりになっちゃってて生活保護を受けてたというわけ」

ララさんは、生活保護の親は頼ることができないと、家を出て、最初、介護の仕事に就いたという。しかし、給料が安いこともあって、すぐに辞めてしまった。その後は、漫画喫茶やネットカフェ、今では二十四時間営業のカフェやファストフード店を転々としながら、飲食店で働いたり、援助交際目的で近寄ってくる男たちから小遣いをもらったりする生活を続けていると話した。

「死にたいとか、そう思ったこともあったけど、リストカットもしなかったし、薬もしなかったし。何もしなかった。ただ、溜め込みまくっていたよね。物にあたって、バンバン、壊しちゃおうみたいな感じで。いつも、そんな感じ」

比較的、はきはきとしゃべるタイプの女性だったが、過去のことを振り返りながら話していくうちに、どんどん気分が落ちていくように見受けられた。そして、将来の夢のことも聞いてみたものの、やはり投げやりな言葉が吐き出されるだけだった。

「夢？　夢ねぇ。結婚はね、したいとは思うけど、子どもは、いらないよね。人の子どもは可愛いと思うけど、自分の子どもはいらないかな。自分のことでせいいっぱいだし。育てるのが面倒というか、なんか産みたくない。自分で稼ぐのも大変だし、育てるのも大変だなっていうのもあるしね。そもそも結婚もできるかどうかわかんないし」

もう一人、店内には、落ち着きがない様子で、飲んでいるコーラのカップを爪でカチカチとはじいている女性がいた。腰くらいまである長い髪をブロンドに染めた若い女性だった。先ほどのララさんよりも、はるかに年齢が若い気がしたものの、勇気を出して声をかけてみる。

「何？　怖いんだけど。警察じゃないよね？」

目をぱちくりさせながら、こちらを見つめる女性。店にいる若いホストやスカウトマンとは明らかに違うサラリーマンっぽいスーツ姿の私は、彼女の日には、未成年の少女を補導する警察官のように映ったのかもしれない。それも無理のないことだった。この女性は、なんと十六歳だったのだ。驚かせたことを詫びながら、堅苦しくなりすぎないように気をつけながら取材の趣旨を告げた。

「カメラとか回るの？　まあ、別にいいけど」

## 父親が失職し、中学から〝援交〟で自活——キキさん・十六歳

この十六歳の少女は、キキと名乗った。本名でないのは明らかだが、私たちもそれでいいと思って話を続けた。父親は市場で魚をさばく職人をしていたが、手にけがをして仕事を失ったため、キキさんは、中学卒業後、家を出て自活しているといった。しかし、十六歳の少女が自活する手段などあるわけもなく、その先は容易に想像ができた。

「今はね、援助交際とかでお金を稼いでて、お金をくれる人から連絡が入るのを待ってるの。アンダー（未成年）だと、雇ってくれるバイトもないから、こうするしかないんだよね。普段から、こうやってスマホとか充電しながら、いる感じ」

十六年間生きてきたキキさんの生い立ちも、想像を絶するものがあった。両親は、キキさんが小さい頃に離婚し、母親は、その後、魚市場で働く職人と再婚した。しかし、この父親がけがをして仕事を失うと、自暴自棄になり、家庭は経済的に困窮していったという。

「私、中学生のときは学校に行ってないんだよね。親も何もいわなかったね、別に働いてくれればいいよみたいな感じで。援助交際でお金を自分で稼ぐのって、初めてやったのが中学二年生だったかな。何歳だろう、十三とか十四とかだった気がする」

経済的な困窮だけではなく、さらに、キキさんは血のつながっていないこの父親から、性的な虐待をたびたび受けるようになったと話した。

「お父さんに性的虐待とか、そういう虐待とか受けてたから……。お父さんも仕事できなくなってイライラしてたのかもしれないけど……。最初のときは小学四年生。何をされているのかわかんなかった。子ども時代なんて、ほんともう呪いたかった」

貧困、そして性的虐待。そこから逃れるように街に出て自活を始めたという。しかし、十六歳という年齢では、きちんとした住まいを持つこともできず、援助交際で稼いだお金で漫画喫茶やカフェを転々とするしか術はなかった。その日その日の体を休める場所を求める生活で、十六歳という若さながらも、その目には疲れが色濃くにじんでいた。

「漫喫（漫画喫茶）とか、渋谷の……。いろんなお店、いろんなとこ……。もう、ほんと疲れた……」

## 「三十歳まで生きたら、もうそれでいい」

そんなキキさんが、嬉しそうに見せてくれたものがある。それは、年の離れた小学生の妹と一緒に撮ったスマートフォンの画像だった。

「妹だよ！　一緒に写っているのは、これくらいしかないかな。妹は可愛いから、稼いだお金で、たまに家に帰ってお菓子とかほしい物とか持っていってあげたりしてる。ていうか、たぶん親もそんな買ってあげられる余裕ないと思うから」

一方で、キキさんは、自分のこととなると、再び陰うつな表情に戻って、こういった。

「三十歳まで生きられればそれでいい……。三十になったらもういいじゃん」

「夢とか、そういうのってあったりしないの？」

「ない」

「夢ない？」

「夢なんかない。昔は、なんかモデルになりたいとか思ってたりしたけど、無理じゃん。もうお疲れだよね、絶対あり得ないと思う。十六だけどいろいろ経験しちゃって、いろんなことを見すぎた。もうどうでもいいやって」


今回の取材で、街で出会った漂流少女の多くは、驚くほど、同じような言葉、同じようなフレーズを使っていたように思う。その一つが、「三十歳まで生きたら、もうそれでいい」という言葉だった。経済的な困窮から抜け出すためとはいえ、少女たちがお金を得る手段は極めて限られ、その多くは、援助交際や風俗といった稼ぎ方にならざるを得ない。若いうちしかできない仕事という印象があまりに強く、それゆえに、「三十歳までいい」という言葉を口にしているのかもしれないと感じた。

街でよく見かけるキャリーバッグを転がす少女たち。

ファストフード店や、ファミリーレストラン、カフェで見かける携帯電話を充電する少女たち。

今回の取材を始めるまでは、特に気にとめることもなかった日常の風景だった。しかし、実際に、こうした女性たちに話を聞いてみると、その背景には、貧困、経済的な困窮という現実があり、そこから逃れようと必死にもがく姿が、漂流という形となって現れているのだと感じられた。

## 愛媛から東京へ、現代の〝出稼ぎ少女〟――なつきさん・十九歳

経済的に苦しむ若い女性たち。この姿だけでは、今の現実が厳しいという一面しか見えてこない。しかし、彼女たち自身の問題で経済的な困窮が引き起こされたわけではなく、そこに至る過程には、親の世代の貧困が、子の世代へと連鎖している現実があることがわかってきた。

ＪＲ新宿駅南口にあるバスターミナル。東京から地方へ、そして地方から東京へ。次から次へと夜行バスが発着する。大きな荷物をさげた人たちが大勢行き来する中で、私たちは、このあと、一カ月以上にわたって取材を続けることになる、ある若い女性と出会った。

伊藤なつきさん（仮名）、十九歳。黒や紫を基調としたロックスタイルの服装をしているので、一見、話しかけづらい雰囲気もあったが、前髪をぱっつんに切り揃えたその表情は、とても幼い印象を受けた。コロコロと軽快に、英国のユニオンジャックのデザインが施された紫色のキャリーバッグを転がしていた。

「出稼ぎみたいな感じで、ちょくちょく働きに来てるんです」

なつきさんは、普段は愛媛県内にある福祉系の大学に通っている。しかし、四年間にかかる学費四〇〇万円を稼ぐために、春休みや夏休みなど、まとまった休みのたびに、こうして夜行バスで上京し、出稼ぎに来ていると話した。

なつきさんが向かったのは、JR新宿駅の東口を出た先にあるインターネットカフェ。出稼ぎで東京に滞在している間の宿泊代を浮かせようと、上京するたびに、ここで寝泊まりをしているという。

「ここはとても安い。ホテルとかもたまに行くんですけど、安いユースホステルと比べても、ここの三日分とか二日分ぐらいの値段ですね。めちゃくちゃ安い。私は、わりと結構どこでも寝られるタイプなので。でも、あえていうんだったら、たまにちょっと体が痛くなったりとか。ちょっとほかの、雑音とかが聞こえたりするんで、嫌なのはそれぐらいですか」

十九歳の女子が寝泊まりしている畳一畳ほどの部屋に、取材とはいえ、男性の私がお邪魔するのは気が引けた。部屋には、バスターミナルで転がしていたキャリーバッグが置かれ、洗濯物の衣類が所狭しとつるされていた。しかし、ほかに場所もないので、女性のディレクターを中心に話を聞くことにした。

取材の風景は、はたから見ていると滑稽だったかもしれない。なつきさんが座るブースの中に、女性のディレクターが入り、男性のカメラマンが半分だけ体を入れて撮影する。その後ろから男性の記者の私が聞くというスタイルだ。それでも、少しでも、なつきさんの心理的な負担をやわらげたいという、私たちなりの配慮だった。

## 学費四〇〇万円と生活費をすべて自分でまかなう

なつきさんは、大学の学費四〇〇万円を奨学金でまかなっていると話した。奨学金とはいっても、いつかは返済しなければならない、いってみれば借金のようなもので、そのために上京して働きに出ているという。

「奨学金をやっぱり返していかないといけないんで。大体、大ざっぱにいうと四〇〇万円ぐらいあるかな。大学を卒業して地道に返していっても、たぶん二十年ぐらいかかるんですね。そうだったら、もう早い段階で着々と貯めていって、バンと返したいんですよね。なんか、やっぱり借金みたいなもんなんで、なんか常に抱え込んでる感じが、なんかめっちゃ嫌かなと思って」

なつきさんの両親は、なつきさんが十二歳のときに離婚。以来、パートの仕事をする母親と暮らしてきた。そんな苦労をしている母親に頼ることはできない。なつきさんは出稼ぎをして、学費や生活費のすべてを自分で工面するしかなかった。今は実家を離れて、格安で住むことができる大学の寮に入っている。

「自分でやらないと仕送りとかも全然ないんで。全部、生活費とかも。親は出せないです、全然。やっぱり母子家庭なんで、全然余裕がないんですよね。お母さんも、掛け持ちで毎日仕事していて、なんかしたいこともできずにみたいな。しんどいと思いますよ、やっぱり。女手一つで子どもを育てるって。すごく大変だろうと思うし。間近で見てたんで」

## 大学に行けばきっと厳しい生活から抜け出せる

厳しい生活から抜け出そうと大学に進んだ、なつきさん。母親に頼ることができない中で、なぜ学費もかかる大学を目指したのか。なつきさんの周りには、中学や高校を卒業して就職する友達が多かった。母親も高卒だった。しかし、なつきさんは、現状を抜け出すために大学に行きたいと思ったという。学歴があれば就職に有利だということだけではなく、大学に行けば、自分がこれまで育ってきた環境とは違うものに触れることができる。知り合う人たちも違ったものになる。それによって、厳しい生活からきっと抜け出せると考えたという。それを、なつきさんは、「視野が広がる」と表現して話してくれた。

「大学は元々行きたかったんですよね、自分の中で。やっぱり、教育か福祉の大学がいいかなと思って。将来的なこと考えて。福祉とか教育とかって安定しやすいし。

大学に行ってない子だったら、どうしてもアルバイトとかになると思うので、安定した方がいいなと思って。高校卒業よりは多少ちょっと初任給とかいいと思うんですけど。大学を出ていた方が、なんか将来ちょっと違うかなぁみたいのはありましたよね、やっぱり。そうですね、仕事も探しやすいし、何より視野が広がるし。

やっぱりなんか、中卒、高卒のお友達とか見てたら、求人がないとかいってて、やっぱり大学とかまで行ってたらまだ少しは、この今の世の中でも仕事はあるかなという感じには考えてますね。

それに友達は結婚が早い子が多くて、子どももいる子がほとんど。なんかそういう子たちも、子どもを預けながら仕事したいけど、学歴がないから仕事が見つからないとかいっているし。学歴がすべてじゃないと思うんですけど、あって困らないものだと思ったんです」

なつきさんは、大学に行くのは、家族の中で初めてだといった。少しでも厳しい生活から抜け出すために、環境を変えたい、視野を広げたいと、多額の奨学金を背負ってまで大学に通う、なつきさん。私事にはなるが、商売人の一家に育ち、高校を卒業すると商売を継ぐという環境が嫌で、家族の中で初めて大学に行った私と境遇が似ていて、取材の間、なつきさんの姿を、昔の自分を見るような思いで見ていた。

「お母さんは、高校卒業なんで、家族の中では、大学は私が初めてです」

「お母さん、大学に行くことについてはなんていってた？」

「絶対行かせれんよ、そんなお金ないよみたいな感じでいわれたんですけど。別に出してもらう気なかったんです。さらさら。自分で出そうと思ってたんで」

## 最低賃金六六六円の地元では稼げない

なつきさんの地元、愛媛県の最低賃金は六六六円（二〇一四年四月現在）。全国的に見ても低い水準といえるだろう。アルバイトをするにせよ、賃金の低い地元では、思うように稼ぐことができないため、年末年始、五月の大型連休、夏休み、冬休みと、大学が休みの時期になるたびに、上京して働いているという。

今は、昼間は、時給が高い工事現場の作業員、夜間は、飲食店の従業員などと、三つの仕事を掛け持ちしている。カップラーメンを食べながら、遊びたい盛りの十九歳の女子とは思えないことを、こうつぶやいた。

「掛け持ちで働くのは、親もそうだったというのもあるんですけど、仕事が結構好きなんで、ずっと働きっぱなしの方がいいかなって思っているぐらいなんです。

高校のときだって、毎日、学校に行っていたら貯金とかも貯まらないし、学校行きながらどうすればいいかと思って、それで通信制の高校に途中で変えて、バイトを掛け持ちしながらやって、それで大学に行けたんで。もうずっとバイトバイトの方がいいかなって。

お金ってなんか人生にとって、なかったらダメやなと思う。ラブ&ピースとかいってる余裕なんかない。働いて働いてお金をなんとかしないと。やっぱり、ほしいものを買えたり、資金も貯まるし、お金があったらなんでもできると思う」

なつきさんの暮らしぶりからは、一生懸命切り詰めている様子がうかがえた。テレビの下にきれいにまとめて置かれていたレシートの束。そして、その隣には、コンビニエンスストアでもらうことができる割り箸や、街角でもらってきたポケットティッシュが溜め込まれていた。

「レシートです。家計簿をつけているので、大体全部、レシートはもらっているんです。月二回ぐらいのペースで、大体、十五日と三十日に家計簿をまとめてつけています。

こっちは、お箸とか、ティッシュとか。コンビニの買い物袋とか。また使えるもの、あったら困らないものは、こうやって取っておくんです。

食費も、そうですね、めっちゃ節約しますね。基本、全部節約。お弁当系とか。二〇円引きとかねらいますね、やっぱり。五〇円引きとか、二〇円引きとか、なんかやっぱ全然違う。大体、一日で一〇〇〇円使わないときもあるんです」

「いいお嫁さんになるんじゃない」と私たちがいうと、なつきさんは、照れたような、はにかんだような笑顔を見せてくれた。

さらに、なつきさんが、嬉しそうに私たちに見せてくれたものがある。それは、母親と一緒に携帯電話で撮った写真だった。仲よく顔を近づけて、お揃いのピースサイン。薄暗いネットカフェの部屋で、その写真だけが明るく光っていた。東京に働きに出る直前に、買い物の途中で一緒に撮ったものだという。

「うちら、めっちゃ仲いいですよ。毎日、電話もメールもするし。落ち込んでるときとか励ましてくれるし、東京で働いているときも、大丈夫？　とか心配してくれるし。本当はね、頼りたかったんですけど、頼るに頼れない……。やっぱり、お母さんの生活も、結構、きつきつみたいなんで……」

東京に出稼ぎに行く娘。そしてダブルワークで働く母親。私たちは、なつきさんに連絡を取ってもらって、母親を訪ねることにした。母親は、瀬戸内海に面した愛媛県東部の町のアパートで暮らしていた。

伊藤かづきさん（仮名）、四十三歳。朝八時、駐車場に現れたかづきさんは「おはようございます。こんな遠いところまですみませんね」と私たちを気遣ってくれた。こちらこそ、朝から押しかけて申しわけないと思いながら、そのまま朝の出勤に同行させてもらった。

## ダブルワークでも一五万円に満たない月収――かづきさん・四十三歳

かづきさんは、夫と離婚した後、フルタイムで働かなければならなかった。しかし、地元では、パートの仕事しか見つからなかったという。パートの仕事を掛け持ちするダブルワークで、女手一つで娘を育ててきた。

通い慣れた朝の通勤路を、軽乗用車を軽快に走らせながら話してくれた。

「ほとんど、家と仕事場の往復ですね。それで一日が終わりますね。仕事の掛け持ちは生計のためですね。うち、母子二人で生活してるんで、私が一応生計を立てないと。子どももバイトをしつつ、お互い支え合って生きてるみたいな感じです。女性の給料では、とても一つの仕事では食べていけないですから。余裕があれば別にダブルワークしなくてもいいですもんね」

かづきさんが、ようやく就くことができた仕事は、レンタルビデオ店でのアルバイト。朝九時から午後三時まで、制服に着替えて若いアルバイト店員に混じって、DVDやCDの貸し出し、返却されたDVDの整理などを行う。立ちっぱなしの仕事だが、もう慣れたという。

レンタルビデオ店でのアルバイトを終えて、かづきさんは、いったん家に帰る。一時間ほど家で休憩して、夕方五時からの二つ目の仕事、弁当のチェーン店に出勤する。二つ目の制服に着替え、衛生面が大切な調理の仕事のため、髪の毛が落ちないように帽子もかぶって、夜九時までひたすら弁当を作り続ける。高速道路のインターチェンジに近い場所にあるため、長距離トラックの運転手がよく訪れる店だった。

時給は七二〇円。二つの仕事を掛け持ちしても、月収は一五万円を切るという。もっと時給のいい仕事もあるのではないか、そう思って聞いてみるが、かづきさんは、「もうこの歳になると慣れたところがいい」という。

「まあ、もっといい時給のところって、あるんだろうけど。今のところは、昔から融通をきかしてくれて助かったのでね。娘が中学生のときは、家が学校まで距離があって送り迎えをしていたので大変だったんです。朝、送っていって、ほんでそのまま職場に行って、で、一つ終わって、また迎えに行って。いったん家に帰ってきて、そんでまた二つ目の仕事に行って、みたいな感じだったんで。大変なときに融通をきかしてくれたりして、それでやっぱり、うん、ずっと続けてますね、はい」

夜十時。二つの仕事を終えて、家路に就くと、そんな時間になってしまう。私たちの前で明るく振る舞っていたかづきさんだったが、さすがにくたびれた表情を見せた。

一人で食べる遅い夕食。スーパーで値引きして売られていたサラダを冷蔵庫から出して食べていた。

非正規の仕事に就く人の割合は、男女とも増えているが、女性の平均賃金は男性の八割にとどまっている。蓄えを作る余裕はなく、かづきさんは国民年金の保険料さえ払うことができていない。

「ダブルワークで足して、たぶん、一四万円から一五万円あったらいい方じゃないですかね。どうしても、やっぱり、両方しないといけないんで。自分がどんなにしんどくても、やっぱり、自分が休んだら生活できへんから、うん。それは、もう、仕方ないなあと割り切って、気合で仕事しとるようなもんですね」

## 娘に何もしてあげられないふがいなさ

ひっそりと静まりかえった部屋で、携帯電話の着信音が鳴り響いた。

「娘から電話が来てしまった。すみませんね」

「もしもし。体は大丈夫か。晩ご飯はもう食べた？　変な時間に食べると、晩ご飯が入らなくなるよ。明日？　明日も仕事はあるで、普通に」

かづきさんは、自分も疲れているものの、働きづめの娘、なつきさんの体をいつも心配していた。

そして、なつきさんが「大学に行きたい」といってきたときのことを振り返って、かづきさんは、こういった。

「やっぱり大学は出ときたい、みたいな感じでいってきたんで。学費となると、とても払えない額ですよね、やっぱりね。行かせてあげたいけど、自分は何ができるんやろう、どうしたらええんやろうって、考えましたね。かあさんは何もできんと思うでって。大丈夫、あてにしてないって、一言いわれて。

ふがいないですね、やっぱり。やってあげたいこと、何もしてあげられてないなあっていう。世間の親御さんがしてあげとることを、自分一人で、何をどんだけしてやれるのかなあっていう。

最近、ちらっと娘から、『私は貧乏っていう言葉に敏感なんだ』っていうことを聞きましたね。貧乏じゃなくなりたい、自分はそれから逃れたいから、常に忙しくしてるんだみたいな感じにいってました。やっぱりすごく重い。重いですね、その言葉。今までのことを振り返ったりとかしたんだと思うと、重みがありましたね」

ダブルワークしながら、懸命に女手一つで娘を育ててきた母親。自らも厳しい生活を強いられている彼女を、一体誰が責められようか。そう強く思った。

ガタンゴトン、ガタンゴトン。貨物列車が行き交う音が、部屋の外から聞こえる。東京では見られないくらい、月がとってもきれいに顔を出していた。

二人の母娘が肩を寄せ合って暮らしてきた、この部屋に、なつきさんの母を思う気持ちを表すものが残されていた。新聞の折り込みチラシの裏紙にサインペンで元気な文字で書かれた激励文が、居間の壁に張り出されていた。

**目標！　マイナス10キロ。目指せ、トリンドル！**

「これは、娘が書いたんですよ。目標は、マイナス一〇キロ減らしなさいっていう。健康のため、減らしなさいっていうことで。

恥ずかしいんですけど、痩せたら、トリンドルに似とる、歳取ったトリンドルに似とるんちゃうかっていわれたことあるんで。それで」

ファッションモデルのトリンドル玲奈を目指すとは、なんともハードルが高い気もしたが、厳しい生活をしながらも、仲のよい母娘の姿を垣間見ることができて、正直、ほっこりした気分になった。

## 願いは年収三〇〇万円台の「安定」

東京・新宿のインターネットカフェ。この日、なつきさんは、およそ一カ月間の〝出稼ぎ〟を終えて、愛媛に帰る準備に追われていた。数日後に大学の授業が再開するためだった。せわしなくキャリーバッグに衣類を詰め込んでいた。

これからも、休みのたびに東京で働き、学費を支払うつもりだという、なつきさん。大学卒業後は、福祉関係の仕事に就き、母親を支えたいと考えている。

「卒業後は、アパレルもやりたいし、幼稚園の先生にもなりたいし、介護の仕事もしたいし、社会福祉系の仕事もしたいしみたいな。結構やりたいことがたくさんある感じです。〝安定〟する仕事に就けたら一つだけにしたいんですけど、〝安定〟するまでは、二つとか三つとかやるしかないかなと」

取材も終盤に差し掛かった頃、なつきさんが、しきりに「安定」という言葉を口にしていることに気づいた。「安定した生活」「安定した仕事」……。彼女にとって、安定とはどういうことをいうのか、聞いてみた。

「安定という言葉をよくいってたけど、そうなりたい?」

「そうなりたいですよね。毎月決まった額で、ある程度の収入を得ることができる仕事がいいですね」

「いくらもらえたら安定?」

「う〜ん、年収でいったら三〇〇万円台くらいかな」

「そういう仕事、就けそう?」

「いや、なんともいえないですけどね。就けたらいいなっていう感じなんですけど。社会人になったら、私がお母さんに仕送りとかしたいですよね。月に五、六万円ぐらいは入れてあげたいですよね。うちはこういう家族やからとか、親一人しかおらんからあんたに苦労ばっかりかけてるとか、そういうふうな感じではいってきますね、ちょいちょい。だから、お母さんは楽にしてあげたいなって」

インターネットカフェからバスターミナルまで、私たちは、なつきさんを送ることにした。夜九時、新宿発松山行きの夜行バス。「ドリーム号」と書かれたそのバスに乗り込む前に、なつきさんは、力強い言葉を私たちに送ってくれた。

「目標は、もう二十代のうちに奨学金は返したいなと思っています。二十五、六歳くらいまでには返したいかな……みたいな。また、来ます！」

〝現代の出稼ぎ少女〟、なつきさん。厳しい生活から抜け出したいと、大学に行く選択をした。今は、働き続けなければならないという苦しさもあると思う。しかし、現状から抜け出そうとする今のもがきが、彼女が笑顔で乗り込んだ夜行バスの名前のように、それが将来の夢、ドリームに続く道になってくれることを強く願った。

## 〝住まい〟にできるインターネットカフェ

なつきさんが滞在していたインターネットカフェは、JR新宿駅にほど近い繁華街の一画に建つ雑居ビルの中にある。ここ数年、女性の利用者が増えていて、この店では、定員六十四人のうち七割が長期で滞在する女性になっていた。

その理由は、ネットカフェそのものを自分の〝住まい〟にできるからだ。このネットカフェのグループでは、長期で滞在する人たち向けのサービスとして、店の所在地に住民票を置くことができる。自治体との交渉の結果、実現したサービスで、利用者あてに届く郵便物をスタッフが仕分けて本人に届けてくれる郵便代行サービスもある。

料金は、一日あたり二四〇〇円。一ヵ月以上滞在する「長期滞在」となれば、一日あたり一九〇〇円に割引となる。それで、寝転がれば体を伸ばして寝ることができるくらいのスペースと、インターネット環境、無料のドリンクバー、それに電子レンジも使い放題だ。シャワーも洗濯機も料金を支払えば使うことができる。まさに〝住まい〟にできるインターネットカフェだった。

現代において住まいが定まらなければ、仕事を見つけることは難しい。人生において挫折することはいくらでもある。誰にでも起き得る病気や、それに伴う失職、離婚。会社を経営していても、経営状況が悪化して倒産することだって不思議ではない時代だ。そのたった一回の挫折で、その後の人生がすべて終わってしまうのではなく、誰だって再チャレンジしようと思えばできる仕組み、それを受け入れる社会の余裕がなければ、あまりに切ないではないか。

このインターネットカフェのグループも、再チャレンジできる仕組みの一つとして、〝住まい〟にできるネットカフェを考案していた。ただ、その一方で、低料金ゆえに、貧困に苦しむ人たちを引きつけてしまう裏腹の現実も起きていた。現在、首都圏で四店舗に広がっている。

## ネットカフェに二年以上――彩香さん・十九歳

この店に、最も長い期間滞在しているという女性に出会った。その暮らしぶりや生い立ちに、私たちは今回の取材で最も大きな衝撃を受けることになった。

彩香さん（仮名）、十九歳。黒髪のおかっぱヘアに、マスク、パーカにジージャンを羽織って、ふわっとしたスカートをはいていた。ゆるふわ系ファッションの女の子。街角で出会えばどこにでもいる年頃の女の子という感じを受けた。「こんな子がネットカフェに住んでいるのかな？」。そう思いながら、ネットカフェの部屋から、出てきた彼女にそっと声をかけた。

「ここには最近来たのかな？」

「えっ、ここですか？　う～ん、二年とか二年半とか、それくらいですかね。結構、長い」

十九歳の女の子が二年以上、ネットカフェに暮らしているという。ネットカフェ難民といえる状態なのだ。

彩香さんは、廊下で話していると、周りの利用客に迷惑になるからと、自分が暮らしている部屋に、私たちを招き入れてくれた。

畳一畳ほどの部屋。入口を入って、左右、そして目の前の壁という壁に、衣類がかけられていた。身に着けているのと同じ、ゆるふわ系の服が多い気がした。生活用品を持ち込み、暮らしていた。ほかには、バッグや冬物のコート。それに、一部、衣類に混じって、洗濯物も干されていた。入口には、黒いブランケットがかけられ、入口の木枠の上には、ブーツや靴がいくつも並べられていた。

汚くしているわけではない。しかし、とにかく物が多い。左右にかけられた衣類などのボリュームが、さらに部屋を狭く感じさせてもいた。ここでも、女の子の部屋ゆえに、私たちは最大限、デリカシーを持って接しようと、女性のディレクターを中心に話を聞かせてもらうことにした。

「ここに来た理由は、住むところがないというのが一番大きいですかね、理由としては。最初はなんか、あんまりこういうところに来たことなかったから、ちょっと楽しいなぁというのもあったけど、今は、なんだろう、早く出たいという気持ちの方が大きい。

やっぱりいろんな人がいるから、あんまりゆっくりできないし、部屋の更新代、お金のことばかり気にしちゃう。一日一日、その時間になる前に更新しないといけないから」

一日あたりの料金は一九〇〇円と確かに安いが、ずっと暮らすにはそれなりの金額がかかるではないか。それなら、いっそのこと家を借りればいいのではないか、そう思ってアパートとか借りないの？　と聞いてみたが、すでに彩香さんは、前に踏み出す気持ちが衰えているように感じた。

「家を借りたい気持ちも大きいけど、やっぱり一番最初にかかるお金、敷金なんかが結構高いから、自分で出すとなると、なかなか難しいかな」

## 母と妹も。〝ネットカフェ家族〟出現の衝撃

実は、彩香さんは、一度、アパートを借りようと物件を探して回ったことがあるという。しかし、最終盤の契約の段階まで行ったときに、保護者の同意が必要になり、母親に反対されたという経緯があったのだ。そういうこともあって、彩香さんは、「なかなか難しい」とあきらめてしまったようだ。

この話をしているときに、彩香さんは、同じネットカフェに、母親も住んでいるんだと私たちに打ち明けた。母と娘がネットカフェに暮らしているという現実を前に、私たちはどう反応していいかわからなかった。

彩香さんの母親は四十一歳。一緒にこのネットカフェに来たという。私たちは、母親にも話が聞きたくて、彩香さんの部屋と同じ廊下沿いにある、部屋を訪ねた。彩香さんの部屋と同様、

入口の上にある木枠には、ロングブーツとハイヒールが置かれていた。こちらの入口には、紫色のブランケットがかけられていた。

コンコン。ドアをノックすると、奥から「どなたですか？」という女性の声がする。私たちがNHKの者だと告げると、母親は、ドアを用心深く開けた。

「さっき娘さんにお話を伺っていたところで」

「そうですか。娘が話すのはかまいませんが、私は結構です」

母親は、私たちのインタビューは受けたくないという。もちろん無理強いできるものではないので、私たちは、カメラを回してのインタビューではなく、ここに至るまでの事情を聞くだけにした。

「お母さんは、お仕事は何かされているんですか？」

「派遣、やってるんですけど」

母親は、現在は、派遣の仕事をしているといった。派遣といってもその内容は幅広いが、どんな職種なのかは明らかにせず、ただ、「一カ月とか二カ月とか、派遣でここからいなくなることがあるんです」といった。

母親は、十年前に夫と離婚してから、娘を一人で育ててきたという。当時は、病院の看護助手として働いていたというが、結局、生活に行き詰まってしまい、ここに辿り着いたと打ち明けてくれた。

さらに、私たちは衝撃的な現実に直面することになった。

ネットカフェの店内で、彩香さんが頻繁に訪れる部屋が、実はもう一つあった。彩香さんや母親の部屋があるのとは違う廊下にある、奥まった場所にある部屋。真っ赤なブランケットが入口のドアにかけられていた。彩香さんが、ドアを開けると、薄暗い部屋の中から、「ちょっと、何?」という幼い女の子の小声が聞こえた。

部屋から顔を出したのは、前髪をぱっつんにして、左右におさげを作った、可愛らしい女の子だった。なんと、彩香さんの妹、萌さん（仮名）だという。

「今、いくつなんだっけ?」

「私、今年で十四歳になりました」

「十四!?　じゃあ、この四月で中学何年生?」

「中学三年生になります」

学校には、半年近く通っていないという。

同じネットカフェに、母と姉妹が暮らしているという衝撃的な現実。ネットカフェ難民という言葉は、以前も伝えられたことがあったが、母子家庭そのものがネットカフェに暮らしている、まさに〝ネットカフェ家族〟の出現だった。

「これって日本で起きていることなのか?」。記者やディレクター、カメラマンの取材スタッフ一同が、その場で目をぱちくりさせながら、この現実に向き合った。驚きや衝撃という言葉ではいい表せない。頭の中が大混乱して、幼い萌さんを前に、しばし固まってしまった。

まさに、経済的な困窮が、親の世代から、子の世代へと引き継がれてしまっている、「貧困連鎖社会」の象徴ともいえる現実だった。

## 一日一食。パンやおにぎりを姉妹で分け合う

姉の彩香さんは、ネットカフェから歩いて通うことができるコンビニエンスストアで、週五日、アルバイトをしている。生活苦のため、高校を中退した彩香さんにとって、ようやく見つけることができた仕事だった。コンビニの制服に着替えて、レジで慣れた手つきでお釣りのお札を数えて客に手渡すしぐさは、仕事が板についた感じだった。彼女のことを知らない人たちから見れば、まさかネットカフェに二年以上も暮らしているとは思わないだろう。それくらい、どこにでもいる十九歳の女の子がコンビニでバイトをしているといった何気ない風景だった。

コンビニからネットカフェに帰る道すがら、彩香さんは、新宿の人混みの中をゆるふわ系のスカートをふわふわさせながら、うつむき加減に歩く。電車のガード下を通るときには、路上

に段ボールを敷いて寝ているホームレスのすぐ脇を通り抜ける。路上か、ネットカフェか。住む家がないことに変わりはないが、両者には、まだ大きな差があるようにも、一歩間違えばすぐに入れ代わってしまうようにも感じられた。

時折、顔を上げて、新宿の街のネオンに視線を向ける彩香さん。コンビニで働いて手にする、およそ一〇万円のアルバイト代と、母親から手渡される数万円が、姉妹の生活費となっている。

毎日の食事は、彩香さんが、コンビニから買って帰る。

一日一食。薄暗いネットカフェの部屋に、十九歳と十四歳の姉妹が寄り添うように座って、パンやおにぎりを二人で分け合って食べる。それでも空腹が満たされないときは、店内の無料のドリンクバーでジュースを飲んでしのいでいるという。特に、妹の萌さんは、取材の合間でも、よくオレンジジュースを飲んでいた。果汁やビタミンはない、糖分だけのオレンジジュースをゴクゴク飲んでいた。若い姉妹にとって、将来、健康に悪影響が出るのは間違いないと思わざるを得なかった。

「パンとか、二人で一つ食べる感じ。食パンとか。そういうのを買って、二人で半分こして食べるとか、そんな感じ。お腹が減るというよりも、バイトで疲れてそのまま寝るから空腹はあんまり感じない。お腹空いたなぁと思うときは、おにぎり一つ買って食べたり、電子レンジでチンするご飯とか、ふりかけご飯とか、そういうのが多いです」

せっかく働いても、ネットカフェの部屋代や食費に消えていくばかりの日々。よもや、このままずっと、ここで暮らしていこうとは考えていないだろう。彩香さんは、この先、どうしようと思っているのだろうか。

「ハタチになったら、ここから出ていこうかなとは考えているけど。妹も学校を出さなきゃいけないし、ちゃんと。やらなきゃいけないとはわかってるけど、なんか実際に行動しようとすると、なんか、どうせダメだと考えちゃうと、何もできない」

妹の萌さんは、ネットカフェに来てから、外出するのを嫌がり、部屋に閉じこもり続けているという。日がな一日、部屋に備え付けのパソコンで見知らぬ人たちとチャットで会話をしているのだ。体調を崩して熱を出すこともあったが、健康保険証がないため、病院に行くことができず、ひたすら部屋で寝続けてやり過ごしたという。

「外に出たいというのはあるんですけど、人ごみが苦手というか、人ごみを見ると酔っちゃうんです。これ（チャット）見てると、夜中とか寝なくなっちゃうんです。半日はやってて、これ以外何もしてないです。ＬＩＮＥのグループチャットで知り合った人が、一緒に住もうっていってくれているんですけど……」

そんな萌さんが、はにかみながら私たちに見せてくれたものがある。中学校のクラスメイトと撮った集合写真が印刷されたハガキだった。担任の先生が生徒たちに送ったハガキを萌さんは大切に持っていた。

「これは中学一年生のときのクラス写真です。ちょっとぼやけちゃってるんですけど、先生がハガキで送ってきてくれたやつで。この先生、すごくいい先生だったんです。

この子が一番仲よかった子なんですけど。友達といるときは楽しかったです。うーん、やっぱり忘れたくない。うーん、思い出。先生のことも、みんなの顔も忘れたくないし。

やっぱり中学校に戻りたいなと思うんですけど、こういうのを見ると戻りたいなというのは思います」

## 母親が帰ってこなくなり「ライフラインが止まる」

「貧困連鎖社会」の象徴ともいえる〝ネットカフェ家族〟の衝撃。

母と二人の娘は、ここに来るまで、どのような暮らしをしてきたのか。

私たちは、その場所を訪ねようと考えたが、姉の彩香さんは「昔のことはよく覚えていないの、記憶を消し去りたいからなのかもしれない」というばかりだった。

そんな彩香さんのかすかな記憶を頼りに、地図を見ながら一つ一つ確かめていくしかなかった。近くにはこんなお店があった。駅からはどれくらい離れていた。確か公園がすぐそばにあった、などなど。こうして、私たちは、三年前まで住んでいたという、北関東の郊外にあるアパートを見つけることができた。

彩香さんと萌さん、そして母親が当時暮らしていた部屋には、今は誰も住んでいなかった。郵便受けは、チラシが投函されないように粘着テープでふさがれ、電気メーターは止まったままだった。しかし、幸い、隣の部屋に住む住民は、当時のままだった。

ピンポーン。呼び鈴を鳴らすと、「は〜い」と元気のいい女性の声が部屋の中から響いた。取材の趣旨を話すと、女性は「あぁ、そうですか。お姉ちゃん（彩香さん）、元気にしているんですか？　心配していたんです」といった。隣の女性は、彩香さんや萌さんのことをよく覚えていたのだ。

「私もシングルマザーなんですよ。だからお母さんとは、お互い同じ家庭環境だから、仕事で忙しいときとか助け合いましょうねって話したことを覚えています。だけど、途中から、お母さんの姿が見えなくなってしまって、あの姉妹は苦労していたんですよ」

彩香さんの母親は、夫と離婚した後、看護助手として働いていた。夜勤の仕事も頻繁に入るなど忙しくなり、徐々に子育てと仕事の両立に疲れ、生活は困窮していったという。

「あるとき、電気メーターが止まっているのが見えたんです。あれっ？　おかしいなって思ったんですけど。すると、お姉ちゃん（彩香さん）が、『電話を貸してもらえますか？』『お醤油を貸してもらえますか?』って、うちを訪ねてくるようになって。お母さん、どうしたのって聞いても詳しく話さないし。だから、もらい物のジュースなんかを差し上げたりしていたんです。そのうち、姉妹も、ふっといなくなっちゃって」

彩香さんの母親は、周囲の人や、行政に頼ることは、なかったという。

当時の生活ぶりについては、彩香さんと萌さんのインタビューでも話題に上った。

それは、妹の萌さんが、突然、いい出したことだった。

「ライフラインが、一回止まっちゃったことがあって。家にいても真っ暗で、何もないときがあったんですけど。私は小学生だったんで、帰るのが一番早かったんですよね。で、真っ暗な家の中で、一人で座っていたんです」

「ライフラインが止まる」という言葉。あまり使わない表現だし、何より十四歳の女の子が口にするには似つかわしくないように感じた。

続けて聞いてみると、今度は、姉の彩香さんがせきを切ったように話し始めた。

「家に食べ物が全然ないの?」

「なかったよね。お米があっても、電気がなかったから炊けなくて。妹は、当時まだ、小学生で、義務教育だから、学校に行けば給食が出たんですけど。私は高校で、お弁当を持っていかなきゃいけなかったから。ほんとに学校で、友だちが食べてるのを見るだけっていうのがあって。

　こうなる前から、まぁ貧乏ではあって、お友達がなんか買ってもらってるのに、私は買ってもらえないとか、やっぱり、そういうのはあったんだけど、まぁ、それはいわないで自分の中だけで思ってるようにしてて。

　だけど、最後は、母親が帰ってこなくなっちゃって、育児放棄みたいな感じだったから」

　現代版『誰も知らない』ではないか。私はそう思った。

『誰も知らない』は、二〇〇四年に公開された是枝裕和監督の映画作品だ。母親が子ども五人を置き去りにするという実際に起きた事件を題材にした映画だ。当時十四歳だった柳楽優弥の演技も話題を呼んだ作品だった。

　まさに同じことが、この現代社会で起きていた。しかも、その後、〝ネットカフェ家族〟という、さらに深刻な事態になっていこうとは。これほど衝撃を受けた取材は、これまで経験したことがなかった。

## 「明日の食事を心配しない暮らしをしたい」

　どこからこうなってしまったのだろうか。私たちは、救いようのない気持ちになっていたが、ある文章を目にして、涙が止まらなくなった。

それは、彩香さんが、小学六年生のとき、「私の夢」と題して書いた作文だった。


「私の夢」

私の将来の夢は、友達といっしょにみんなを楽しませることのできる小さなお店を出すことです。いつか自分のお店を出して、たくさんの人をえがおで楽しんでもらえるようにしたいです。

それに私のお母さんは、私たちのために、朝仕事に行って夜帰ってきます。つかれているのに私たちのためにご飯をつくってくれたり、家のこともしっかりやってくれます。そのお母さんに少しでもゆう福なくらしをさせてあげたいと思っています。


ガチャッ。ネットカフェの静かな部屋では、普段は気にならない缶詰を開ける音が、いやがおうにも耳につく。この日、姉妹は、保存がきくために割引セールで買い溜めしてあるツナの缶詰を分け合って食べていた。

「明日の食事を心配しない暮らしをしたい」

それが、姉妹の今の願いだった。

「何食べたい？」と私たちが聞くと、姉の彩香さんは、深く考えながら答える。

「なんだろう。うーん、うーん、鍋。鍋、ママが作ってくれたりとかがあって」

「ちっちゃい頃はね」と、妹の萌さんが言葉を挟む。

「でも、一番最後に作ってくれたの、だいぶ前だよね。一番最後に作ってくれたの、もう三年、四年くらい前。鍋を作った日は、ママも入れて、みんなで机で食べたから、たぶん、一番印象に残ってるのかも」。思い出すように彩香さんが話した。

## 人生にも社会にも、もう何も期待しない

「夢みたいなことってあるのかな？」

「特にないです。なんだろう。それも全然覚えてないです。なんか期待しても、どうせかなわないとか、そういうふうに思っちゃうから。だったら、最初から期待しないでおこうと。自分の人生に、あんまり期待もしてないし、社会とかにも期待はしてない。もう、なんに対しても、期待を持てないかな。

　今はなんか、普通に暮らせてればいいやっていう思いしかないんですよ。こういうこと、もうなりたくないんで、とりあえず、普通であればいいかな。家が、ちゃんとした帰る場所があ

る。朝起きて、学校行ったり仕事行ったりして。そして家に帰る。そういう感じの普通でいいかなぁ。

普通に学校も出たかったたし、友だちとも遊んだりしたかったたし。なんか、もう、ここまできちゃうと、こういう運命なのかなって。自分にいい聞かせてるというか、そうしないともう働くのも嫌になっちゃうし、生きてるのも嫌になるというか」

ネットカフェで暮らしていた姉妹。彩香さん十九歳と、萌さん十四歳。

私たちと話す中で、彩香さんが、こんなことをいったことがある。私たちと話すことができて、気分が楽になったというのだ。

「普段、妹とも、こういう深い話は全くしないし。周りの人に、なんでもいってねとかいわれるけど、なんか、あんまり、いえない。結局は自分でなんとかしなきゃいけないから、だったら、いわなくていいやって。

でも、こういうこと（取材）だったら、別に取材が終われば、関係ないから、なんだろ、なんでもいえるっていったらあれですけど。だから、こうして話せると少しは気分が楽になる。ありがとうございました」

どうしていいかわからず、誰にも相談もできず、一人溜め込んできた彩香さん。「ありがとう」といわれて、私たちは、正直、戸惑った。

コンビニでアルバイトをする、どこにでもいる普通の十九歳となんら変わらない彩香さん。もう一度、学校に通うようになれば、友達と遊んだりして笑顔が戻るであろう、萌さん。二人が今のような境遇になったのは、彼女たちの責任では決してない。親の世代の経済的な困窮が引き継がれることなく、どこかで断ち切られてさえいれば、決してこんなことにはなっていなかっただろう。

でも、遅くはない。二人は若い。そして環境さえ整えば、普通にやっていける。二人と話していて、私たちは、そう思った。今、二人は保護施設に入り、専門的な知識を持ったスタッフと共に人生をやり直すスタートラインにつこうとしている。

いつか、素敵な笑顔を取り戻して、二人並んで街を歩いていってほしい。そう願った。

第七章

# 解決への道はどこに

宮崎亮希
（NHK報道局社会番組部　ディレクター）

## 専門学校入学直前に見せてくれた笑顔——友美さんのその後

今年一月の「クローズアップ現代」、四月の「NHKスペシャル」と、およそ半年にわたる取材に協力してくれたのが友美さん（二十四ページ参照）だ。決して望んではいなかっただろう取材を引き受け、ありのままの生活ぶりや、暮らし向きへの本音をカメラの前で見せてくれた彼女の協力なしに、番組は成り立たなかったと今でも思う。

友美さんと出会った当初、その表情は疲れていた。保育士を養成する専門学校への進学は決まっていたが、アルバイト漬けの生活を送っていたし、学費をどう捻出するかがまだ決まっていなかったせいもある。カメラが回っていてもいなくても、彼女が笑顔を見せることはほとんどなかったと記憶している。

クローズアップ現代『あしたが見えない～深刻化する〝若年女性〟の貧困～』では、スタジオのゲストとしてインクルージョンネットよこはまの鈴木晶子さんにご出演いただいた。ゲストには本番前にVTRを事前に見てもらうのだが、鈴木さんが友美さんのVTRを見て、「本当に頑張ってきたんですね」と感心していたのが印象的だった。国谷裕子キャスターもVTRの後のスタジオでは「まず友美さんに『頑張ったね』といいたい」といい、放送に反映されることになった。

鈴木さんによると、働きながら通信制高校を卒業し、進学までするというのは極めて難しいことだという。日々の仕事に追われて、勉強が徐々に滞り、卒業をあきらめてしまう人が少なくないからだ。仕事と勉強だけでなく、家事も担ってきたという友美さんの努力は、私の想像をはるかに超えるものだと思う。肉体的にも精神的にも相当な疲労感があったのだろう。

そんな友美さんの表情に変化が出てきたと感じたのは、NHKスペシャルに向けて再び取材を始めた頃だ。専門学校入学が近づいた友美さんが学用品の準備をする様子を撮影させてもらった。

団地を訪ねると、部屋の窓には入学式に着ていくスーツがかけてあった。一万円で購入したというから大きな出費だ。黒い革のバッグはお金が足りず借りたという。さらに新しい文房具も揃えたいという友美さんの買い物に同行した。予算は二〇〇〇円。なるべく安くすませたいけれど、デザインの可愛さも譲れないと、悩む友美さん。ホームセンターでは決め切れず、一〇〇円ショップも回って揃えたペンケースやクリアファイルを見せてくれたときの顔は本当に嬉しそうで、編集担当と「このシーンは絶対残そう」といい合ったことを覚えている。十代の女の子らしさを友美さんに見たのは、このときが初めてだったかもしれない。未来に希望がある、ということが人をこんなに元気にするのだと感じた機会でもあった。

しかし一方で、私たちにはどうしても消えない不安があった。第一章で村石記者も書いている、学費のことだ。友美さんが入学したのはある学校法人が運営する専門学校。系列に様々な分野の専門学校があり、入学式は武道館で一斉に行われる。

専門学校のパンフレットを見せてもらった。学費の納入には複数のプランがあり、友美さんは「入学金五万円プラン」を選んだ。入学金五万円を支払い、毎月の授業料は奨学金と自己資金で払っていくというものだという。

「入学金の五万円はおじいちゃんに送ってもらいました。学費は月々八万かな。一応奨学金を月五万円借りて、あと三万五〇〇〇円を自分で払う」

学費の総額は三年間で三〇〇万円あまり。初期費用は抑えられるが、奨学金でまかなう金額は増える。奨学金は貸与型で、教育ローンと呼ぶべき性質のものだ。今でさえ、アルバイトで家族の生活を支え、貯金をする余裕もない生活なのに、入学すれば学費としてさらに毎月三万五〇〇〇円の負担が生まれる。これからも働きづめの生活をするであろう友美さんのことを考えると、せっかくの門出にも少し暗い気持ちになるのだった。

## 一人の頑張りにすべてを委ねるのか

いよいよ入学直前という頃になって、私たちの不安はさらに強くなっていた。これも第一章で触れたことだが、友美さんが借り入れる奨学金の額を増やすといい出したからだ。

専門学校が提携する貸付型の奨学金は、月一二万円までの借り入れが可能だ。その上限まで友美さんは借り入れようと考えているという。それをすすめたのは友美さんの母親だった。

一〇万円の奨学金を借り入れ、八万円あまりの学費を払った残りは貯めておき、通学のための定期代や、学校の研修旅行などの費用にあてるというのだ。生活費のやりくりに追われる家庭にとって、急な出費や学校行事の費用をどう捻出するかは、本当に切実な問題だ。借りられるだけ借りておき、手持ちのお金を増やしたいという母親の考えも理解できる。さらに、友美さんは「バイトを減らしたい」「勉強に専念したい」というようになっていた。学業とアルバイトを掛け持ちして、家族の面倒まで見てきたこれまでの生活は、やはりきつかったのだろう。卒業後は返済しなければならないとわかっていても、一定のお金が安定して手元に入ってくることは、友美さんに心のゆとりをもたらしているのだと思った。

とはいえ、元金だけで四〇〇万円を超える奨学金を返済していく友美さんの負担を思うと、私たちは素直に「よかったね」とはとてもいえない。奨学金の滞納は大きな社会問題だ。国内で最も多くの学生に無利子・有利子の奨学金を支給している日本学生支援機構のデータ（平成二十四年度）を参照したい。奨学金返済を三カ月以上延滞している人の数は十九万四千人。そのうち、「年収二〇〇万円未満」の人は実に四五％に上る。様々な事情はあるだろうが、奨学金を借り入れて進学しても、その後就いた仕事で十分な収入が得られず、利子を含めた返済の負担に苦しむ人が多いのが現実なのだ。

友美さん本人には、村石記者がこれまでに取材した奨学金の返済に苦しむ女性たちの話をして、もう一度よく考えてみては、と促したが、借入額を増やすと決めた意思は変わらなかった。

「友達と楽しみながら、支え合いながらやっていきたい」。家族の生活費や学費を稼ぎ、妹の世話や家事に追われ、中学時代は修学旅行にも行けなかった友美さん。奨学金を借りることで学費の不安から解放され、一人の学生としての暮らしを〝楽しむ〟余裕ができることは、友美さんにとって何にも増して嬉しいことだったに違いない。それを思うと、私たちはそれ以上何もいえなかった。

現在、友美さんは専門学校での学生生活を謳歌《おうか》している。資格取得への勉強だけでなく、合唱サークルに入るなど、課外活動も充実しているようだ。入学前は、早朝から夕方までアルバイトを掛け持ちして働くつもりでいたが、今は昼間に数時間だけ働けばよく、友達と遊びにも出かけられることが本当に嬉しいと話していた。

「自分自身でいろいろやることです、自立は。社会に飛び込んで、自分の力を使って、社会に残れるような感じにすることですね」

以前、私たちのインタビューに対して、友美さんはこう話していた。〝自立〟を〝社会に残ること〟と表現した友美さんは、今この社会で安定して暮らしていくことの難しさを身をもって知っている。すでに十分すぎるほど頑張ってきた彼女は、これからも日々働き続け、家族を支え、奨学金を返済していくだろう。私たちは、こうした一人一人の静かな頑張りにすべてを委ねるだけで本当にいいのだろうか。

## 放送中から反響が殺到――彩香さん・萌さん姉妹のその後

インターネットカフェで暮らしていた、彩香さん・萌さん姉妹と母親のその後にも触れておく必要があると思う。視聴者の方から、内容は様々ではあったが最も多くの意見・感想が寄せられたのは、この親子に対してだったからだ。

番組の放送が始まって十分ほど経った頃から、私たちが待機する部屋の電話は鳴り始め、六人のスタッフは番組を見る余裕もなくその対応にあたった。

私が受けた電話は、三十代から四十代くらいに思える男性だった。決して怒っている口ぶりではないのだが、「内容に納得がいかない」というものだった。それは彩香さん姉妹の生活費についてだという。放送では、インターネットカフェの料金について触れたのだが、彼女が一カ月滞在することで生じる利用料金を考えると、彼女を貧困というのはおかしいのではないかというのが男性の主張だった。
ある大学で教壇に立っているという男性からは、授業で番組を見せたところ、学生からネットカフェの料金について矛盾しているのでは、もっと合理的な選択があったのではないかと尋ねられたという問い合わせもあった。彩香さん姉妹については、プライバシーの観点から出す情報を制限していることもあり、どう答えればよいか悩んだが、返信したメールの内容を紹介したいと思う（一部省略）。

ネットカフェで暮らしている女性の宿泊代金についてのお問い合わせですが、これだけの負担が可能な人を貧困状態といえるのか、というご意見は、放送後何人かの視聴者の方からも頂きました。

彩香さんがあの生活に至った背景には、様々な要因があります。
彼女の収入だけでは到底足りませんので、不足分は母親からの借金でまかなっていました。母親も不安定な仕事に就いていたようですが、取材は拒否されたため詳細はわかっていません。

取材の過程で出会った女性たちの生き方に対して、「非合理的」だと思うことがなかったわけではありませんが、「きちんと暮らす」方法すら身につかない子ども時代を送ってきた人や、家族やパートナーから暴力を受け、不利な条件でしか生活を維持できない人、うつなどにより生活を立て直す気力さえ持てない人がいることも事実です。

「貧困」とは「お金がない」だけでなく「教育」や「情報」が欠如している状態だともいえるのではないか、というのが取材を終えての私の実感です。

そして、私たちからは「非合理的」にしか思えない状態にあっても、そこから脱する「努力をする」ということが一部の人にとってはとてもハードルの高い行為なのだということも皆さまにぜひご理解を頂ければと思います。

ネットカフェでの生活は、私には想像が難しいものだった。畳一枚程度のブースは、なんとか足を伸ばして横になることはできるが、それでも日用品や移動に使うキャリーバッグを置けば、とても窮屈になってしまう。インタビューを収録しているときには、彩香さんの声を上回る男性の大きないびきが聞こえてきて、中断してしまうこともあった。酔っ払った客同士が騒音を巡ってトラブルになり、夜中に激しい喧嘩をして警察沙汰になることもある。トイレに行けば、知らない男性が声をかけてくる。通路を様々な人が絶えず行き交う中で、着替えをし、シャワーを浴び、寝る。こんな暮らしが貧困ではないといえるだろうか。仮にお金があったとしたら、こんな暮らしを選ぶことはないのではないか。十九歳と十四歳の女性として、こうした暮らしを続けてきた彩香さんと萌さんの苦痛はどれほどだっただろうと今も思う。

## 彩香さんが負った深い傷

そして今、姉妹は別々の場所で新たな生活を送っている。保護施設での生活を経て、妹の萌さんは児童養護施設に入所した。彩香さんは自立を目指して、専門スタッフが常駐する施設で暮らしている。

二人が支援を受けるところまでこぎ着けたことで、私は彩香さんが自立した生活を送れるようになる日も近いと、なんとも楽観的に考えていた。四月、ネットカフェを出られると決まってから、彩香さんの表情は明るくなり、「ゆくゆくは家を借りて、いつか妹と一緒に暮らせるようにしたい」と語っていたし、時折届くメールでは友達とお笑いのライブに行ったと報告してくれた。穏やかな生活を徐々に取り戻せているとばかり思っていた。そして何より、あんな過酷な環境の中で、それでもアルバイトを続けてきた彩香さんだからこそ、きっとやっていけると考えていたのだ。

しかし、ネットカフェでの生活は、私が考えていたよりはるかに深刻なダメージを彩香さんに与えていた。時折うつ状態が悪化し、眠れなくなる。母親や親族にいわれた言葉などを折に触れて思い出しては落ち込んでしまう。食欲不振も深刻で、体重は一〇キロ近く落ちてしまった。何度か入院しての治療も受けているという。あの状況を生き延びてきたのがそもそも奇跡的なことだったのだろうと、すっかり痩せた彼女と会って、私は改めて思い知らされたのだった。

これまでの生活で負ってしまった傷を癒やすのには、まだまだ時間がかかるのだろう。そんな彩香さんに対してどんな言葉をかければいいのか、今もメールを送るたびに悩まされる。あまりにも頑張ってきた人に、「頑張って」とはいえない。むしろもう頑張らなくていいとさえ思う。とにかく、ゆっくり休んでほしい。そして元気になったときには、今を目いっぱい楽しんでほしい。少しでも失ったものを取り戻せたと思えたら、これから先長く続く人生も、大切にできるかもしれない。働くのはそれからでも遅くないと思ってしまう私は間違っているだろうか。

## 決して新しい問題ではなかった

クローズアップ現代『あしたが見えない～深刻化する〝若年女性〟の貧困～』は番組HPのページビューが六十万を超える大きな反響を呼んだ。それに続くNHKスペシャル『調査報告女性たちの貧困～〝新たな連鎖〟の衝撃～』についてもTwitterで数多くつぶやかれ、視聴者からのメールや手紙も多数寄せられた。

正直なところ、取材に関わりながらも「クローズアップ現代」の反響がこれほど大きくなるとは思ってもいなかった。子どもの虐待や、予期せぬ妊娠の問題など、これまでのいわば〝点〟としての取材の延長線上にこの番組はできた。〝点〟の背後に共通して横たわっていた貧困を描くことで、これだけの人々の関心を集めたことは驚きであり、このテーマについて伝え続ける大きなモチベーションにもなっている。

これまでの二つの番組は、私たち取材者が〝見えない貧困〟と呼ばれてきた女性たちの貧困を〝発見〟する過程を表現したものだ。様々なルートを通して出会った女性たちの言葉は、いつも私たちの想像を超えていた。〝見えない〟といわれているものを目を凝らして探してみるという経験は、街を歩く女性たちの中に、貧困が確かに存在していることを気づかせてくれた。

女性たちは決して「困窮」を外に出そうとしない。ふわふわの白いスカートをはき、毎日コンビニでアルバイトをしていた彩香さんがネットカフェで寝起きしていたように、いつもきちんとメイクをして、きびきびと働く愛さんが、家ではアイスコーヒーだけを飲んで空腹を満たしているように。

女性の貧困は確かに見えづらい。しかし、それを私たちは見ようとしてきたことがあっただろうか。日本において、女性が経済的自立を果たすことが難しいことはずっと以前からわかっていたことだ。男女間の賃金格差、非正規雇用の割合はとりわけ女性が高いこと、働いているひとり親の貧困率が世界最悪レベルであることも、決して新しい問題ではなかったのだ。

## 女性の進出と同時進行でセーフティーネットが崩壊

スタジオに出演していただいた中央大学の宮本太郎教授の言葉をここで引用してみたい。

「女性や子どもの貧困という問題はこれまでもあったわけです。しかし、これまでの男性正社員が安定雇用を得て、妻、子どもを養っているということができていた時代は、この問題はさほど深刻なものとは受け取られてこなかった。ところが今、そのような安定雇用が崩れて、男性正社員が失職したり、病気になったり、あるいは亡くなったりしたときに、その母子がすぐに貧困に巻き込まれていってしまう。

振り返ってみると、女性が活躍できる様々な条件が広がっていくことと同時並行的に、女性が深刻な貧困にはまり込んでしまうという条件もでき上がってきた。例えば一九九九年に男女共同参画社会基本法という法律ができました。さらに同じ年に男女雇用機会均等法という法律ができた。これはいずれも女性が元気に働いて能力を発揮する条件を整える法律だったわけです。

しかし、その同じ年に労働者の派遣法が改正されて、どの業種でも基本的に派遣ができるようになった。つまり、雇用の非正規化が同時進行したわけです。だから、女性にとってみると、よく女性の昇進を妨げるガラスの天井という表現がありましたが、このガラスの天井が一方では確かになくなっていったけれども、それと同時に足元を見ると、そのセーフティーネットも崩れていった。同時期にやっぱり家族も単身世帯が増えていきました。そういう意味で家族というセーフティーネットを含めて崩れていった。

だから、一部の女性は確かにガラスの天井がなくなり、チャンスをつかんで社会的に活躍をするようになった。しかし、数の上ではそれに勝る女性たちが、ここで貧困に巻き込まれていった。こういう現実を私たちは見ておく必要があると思います」

今や非正規雇用で働く約千九百万人のうち、女性はその七割近くに上る。待遇改善は進まず、収入が二〇〇万円未満の人は八百万人もいる。その中にパート・アルバイトの専業主婦の女性が数多く含まれているとしても、夫と死別、あるいは離婚した場合に、正規雇用にスムーズに転換できるかといえば、非常に厳しいのが現実だろう。

女性を取り巻く状況の変化があるにもかかわらず、企業で働く親や夫といった「男性による扶養」が前提とされ、女性が「個」として生きていく、支えられていく仕組みが不十分である現状を見ていると、女性の貧困という問題は〝見えづらい〟のではなく〝見ないようにしてきた〟のではないかとさえ思えてくる。

## 日本社会の持続可能性に関わる分岐点

こうした状況を宮本教授は、スタジオでこのように話していた。

「雇用、家族、それから社会保障、私たちの生活を支えてきた三つの柱が、いずれも揺らいでいるわけです。ＶＴＲからうかがえた女性の貧困というのは、実は若年の、特に単身の女性が、そうした三つの柱の揺らぎを一番深刻に打撃として受け止めてしまっているということだと思うんですね。

女性にとってこれまでの非正規雇用は、夫の安定した所得があって、それを補足する、補完するための所得を得るための非正規だったわけです。ところが今、自分の非正規としての所得だけで家計を担っていかなければいけない。そういう非正規になってしまっている。特に子どもがいる女性などは、同じ非正規であっても、給与水準や処遇などが特に厳しい条件で働かなければいけないという現実がある。

次に家族の揺らぎです。働いても非常に厳しいので、一部の女性はやっぱり専業主婦のような形で家庭に居場所を求めたい。現実に内閣府が行っている男女共同参画社会についての世論調査を見ても、居場所は家庭に求めたいというふうに答える女性がむしろ増えているんです。ところが、男性の側も所得が低下している中で、結婚は解決にならない。そもそも男女共に所得の状況が結婚できないような水準になってしまっている。ここに家族の揺らぎもあるわけです。

さらに三番目が社会保障の問題。今、日本の社会保障というのはですね、男性稼ぎ主が標準世帯を養うという形で、高齢世帯向きにその支出が組まれている、年金が中心ですよね。ところが、今はその形が壊れてしまったにもかかわらず、特に単身の若年の女性を支援してくれる支出は非常に少なくて、彼女たちは保険料のような負担だけをしょい込んでいる。特に社会保険料というのは逆進的といいますか、所得が低いほどその負担が相対的に重くなるという傾向がありますので、彼女たちは働きながらも、例えばその国民健康保険の保険料を納めるのに四苦八苦している。雇用、家族、社会保障の揺らぎが一番深刻なダメージを及ぼしているのが若年の単身の女性であると、こういって差し支えないと思います。

今、政府は、女性の就業を強化することを成長戦略として位置づけている。私は、これは非常に大切な考え方だと思うんです。実際、ＩＭＦ＝国際通貨基金のような国際機関も、日本に女性の就業を高めて成長につなげろというアドバイスをしてきています。ただ、成長とつながる女性の就業というのは、女性が所得を得て、それが家計の購買力を高めて、女性もまたその中で能力を伸ばしていく。そういう循環の中で成長が起きていくわけですね。ところが、番組に見られるような女性の働き方というのは、とてもそういう就業とはかけ離れてしまっているわけです。

しかし、ここにはピンチをチャンスに転化していく可能性もある。女性たちは、少しでも自分の手に職をつけて、普通の生活がしたいという思いを口々に語っていました。その思いを支えることで成長につながるような就業を作っていくことができるんです。

ただ、逆にこれを放置してしまうと、女性は大変厳しい状況のまま老いていって、例えば生活保護以外に頼るものがないということにもなってしまいかねない。また、さらに深刻なことに、子どもの貧困に直接つながっていくという状況があります。子どもの貧困というのは、人道的、道義的に放置できない問題であると同時に、私たちのこの国が活力を持って続いていくためにその解決が非常に重要な問題だということです。そういう意味では、私たちがこの女性たちの思いを支え切るか、それともこの現実を放置してしまうのか。日本社会全体の持続可能性に関わる分岐点に、立っているというふうに思います」

厳しい女性たちの現実を目の当たりにした私たちは、今も取材を続けている。

実態を把握して終わりにするのではなく、女性たちの貧困をどうすれば克服できるのか、その具体的な手立てを探り、再び番組として伝えていくためだ。

今振り返っても、取材に応じてくれたすべての女性たちは、自分が置かれた境遇の中で必死に生きていた。「自己責任」という言葉を誰よりも意識しながら暮らしているのはほかならぬ彼女たち自身だったと思う。困窮した暮らしぶりをカメラの前にさらし、自分の言葉で語るというつらい作業を引き受けてくれた女性たちに、今はただただ感謝したい。抗《あらが》いようのない貧困の中で、限界まで努力しながら疲弊していく女性たちに社会は何をすべきなのか、貧困の連鎖を断ち切るために、今できることは何なのかを発信し続けることが、彼女たちから課せられた役目なのだと考えている。

# データが語る若年女性の貧困

戸来久雄
（NHK報道局科学・文化部　副部長）

## 1 「若年女性の貧困」という事態を客観的に示す

「若い女性に貧困が広がっている」という取材班の実感は、低所得者支援に取り組む関係者などの話とも一致したが、いずれも「そうだと思う」とか「そういった話はよく聞く」といったレベルであり、統計的に裏づけられた話ではなかった。また、仮に支援団体の相談件数などから推察するとしても、それが社会全体の状況を正確に反映しているという保証はない。我々の問題意識を表現するには、「昔から貧しい女性は一定数存在しており、今に始まった話ではない」といった声に根拠を持って反論し、現在進行形の問題であることを示すことが必要だった。このため、独自の統計分析によって「若年女性に広がる貧困」という事態を客観的に示し、明確な姿を与えることは、貧困の現場の取材と並び、取材班の課題の一つとなった。

この作業を行う上で参考にしたのが、二〇一一年の冬に国立社会保障・人口問題研究所の社会保障応用分析研究部の阿部彩部長が公表した分析データだ。二〇〇七年に厚生労働省が実施した「国民生活基礎調査」をもとに分析した結果、**二十歳から六十四歳までのいわゆる「勤労世代」では、一人暮らしの女性の三二・一%、実に三人に一人が貧困の状態に陥っているという**ものだ。また、未成年の子どもがいる母子世帯の五七・六%が貧困状態にあり、女性が家計を支える世帯に貧困が集中していることも示していた。このデータは七年前の調査に基づいたものであり、しかも、必ずしも若い世代の女性に的を絞ったものではない。しかし、これからの社会を支える若年女性の実態を推察させるには十分なものであったことはいうまでもない。

## 2 非正規雇用の若年女性の八割が「困窮」

こうして取材班の分析作業が始まったが、一口に若年女性の実態を示すといっても、そこには雇用形態と所得の関係など、様々な要因が絡み合っている。しかも、その実態を時系列で追えなければ、背景も含めた正確な姿を描き出すことはできない。国の各種調査を比較検討した結果、取材班では、総務省が実施している「就業構造基本調査」を基礎資料とすることにした。この調査であれば、男女別や学歴、雇用形態など、我々の必要とする調査項目がほぼ網羅されており、しかも五年に一度行われていることから、時系列での比較も容易という優れた点が多かったためである。

では、何をもって「貧困」と定義するか。先ほどの国立社会保障・人口問題研究所の分析では、「貧困」の定義として、ＯＥＣＤ＝経済協力開発機構が用いている「相対的貧困率」という考え方を採用している。これは、世帯収入から税金や社会保険料を差し引き、世帯一人あたりの可処分所得、つまり自由に使える所得の額を算出する。それを低い方から順番に並べた場合、人数にしてちょうど真ん中にあたる人を基準とし、所得がその半分に満たない人の割合をいう。言葉にするとややこしいが、要するに「世の中の標準的な所得の半分未満で生活している人の割合」である。その額は年によって変動し、**二〇〇六年の国民生活基礎調査では年間一一四万円、二〇〇九年の調査では一一二万円が貧困の境目**（「貧困ライン」または「貧困線」と呼ばれる）とされている。ちなみに厚生労働省によると、**二〇〇九年の調査では日本の相対的貧困率は一六%。おおむね六世帯中一世帯が貧困状態**にあるとされている（**図表1**）。

この定義は国際的に採用されているもので、説得力はあるが、年によって貧困ラインが変動するため比較がしにくく、一般的にもわかりにくいのが難点だった。そこで、よりわかりやすく、一般的な感覚にも近い基準を設けることにした。その際に参考としたのが、二〇一三年一月に公表された「社会保障審議会　生活困窮者の生活支援の在り方に関する特別部会報告書」や、その半年前に公表された「厚生労働省・『生活支援戦略』中間まとめ」である。この中では、「年収二〇〇万円未満」を「生活保護に至るリスクのある経済的困窮状態」と位置づけている。

| （年） | 1985 | 1988 | 1991 | 1994 | 1997 | 2000 | 2003 | 2006 | 2009 |
|---|---|---|---|---|---|---|---|---|---|
| 相対的貧困率（%） | 12.0 | 13.2 | 13.5 | 13.7 | 14.6 | 15.3 | 14.9 | 15.7 | 16.0 |
| 貧困ライン（実質値／円） | 108 | 113 | 123 | 128 | 130 | 120 | 117 | 114 | 112 |

出典：厚生労働省「国民生活基礎調査」

**図表1　相対的貧困率と貧困ライン**

このため**今回の分析においては、年収二〇〇万円未満を「困窮」と定義し、「貧困」とは区別して用いる**ことにした。

こうした前提条件を設定した上で、まず取り組んだのは、非正規雇用の若年女性の実態の調査である。「若年」の定義については、未成年の女性も対象に含めるため、国の各種調査も参考に「十五歳から三十四歳まで」とした。分析の結果、最新の「平成二十四年就業構造基本調査」によると、非正規雇用の若年女性は全国で三百五十四万六千九百人。このうち年収二〇〇万円未満の人を抽出すると、二百八十八万九千六百人にも上った。**非正規雇用の若年女性のうち実に八一・四七％が、個人の収入で見ると「困窮」の状態**にあったのである。この人数の中には世帯主以外の人も含まれるため、必ずしもすべての人がこの収入のみで生活しているわけではないが、非正規雇用の若年女性の多くが極めて低収入の状態に置かれていることには変わりない。この結果は取材班の想像を上回るものだった**（図表2-1）**。

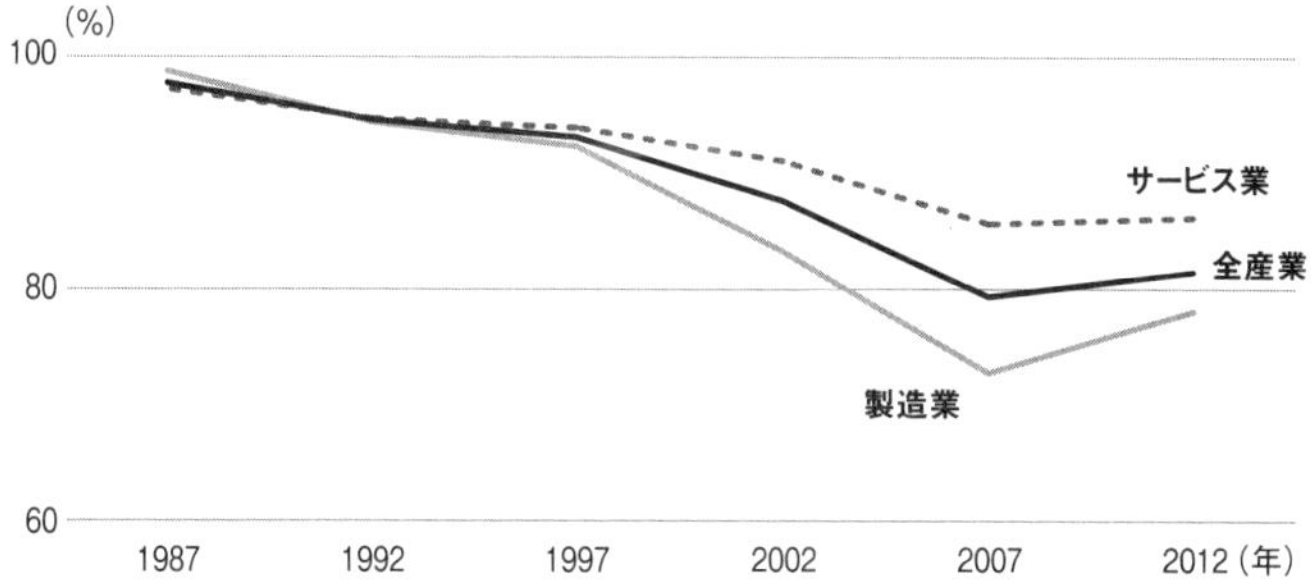


出典：平成24年就業構造基本調査

**図表2-1　増え続ける「経済的困窮状態」の若年女性　割合の変化**

なぜこれほど困窮レベルの雇用が広がっているのか。この割合を時系列で見ると、一九八七年の九七・七五％から困窮レベルの割合は漸減傾向にあり、一見、状況はやや改善しているかに思える。しかし、実数で見ると状況は一変する。非正規雇用の若年女性で年収二〇〇万円未満の人数は、一九八七年には百三十四万九千人だったのに対し、一九九七年には二百二十万人、二〇一二年には約二百八十九万人に上っていたのだ。さらに取材班が瞠目《どうもく》したのは、こうした女性の職種である。最新の二〇一二年の統計だけ見ても、このうち二百六万八千六百人はサービス業に従事しており、こうした傾向は一九八七年から一貫している。つまり、**サービス業が若年女性の非正規雇用の総数を押し上げ、同時に困窮レ**

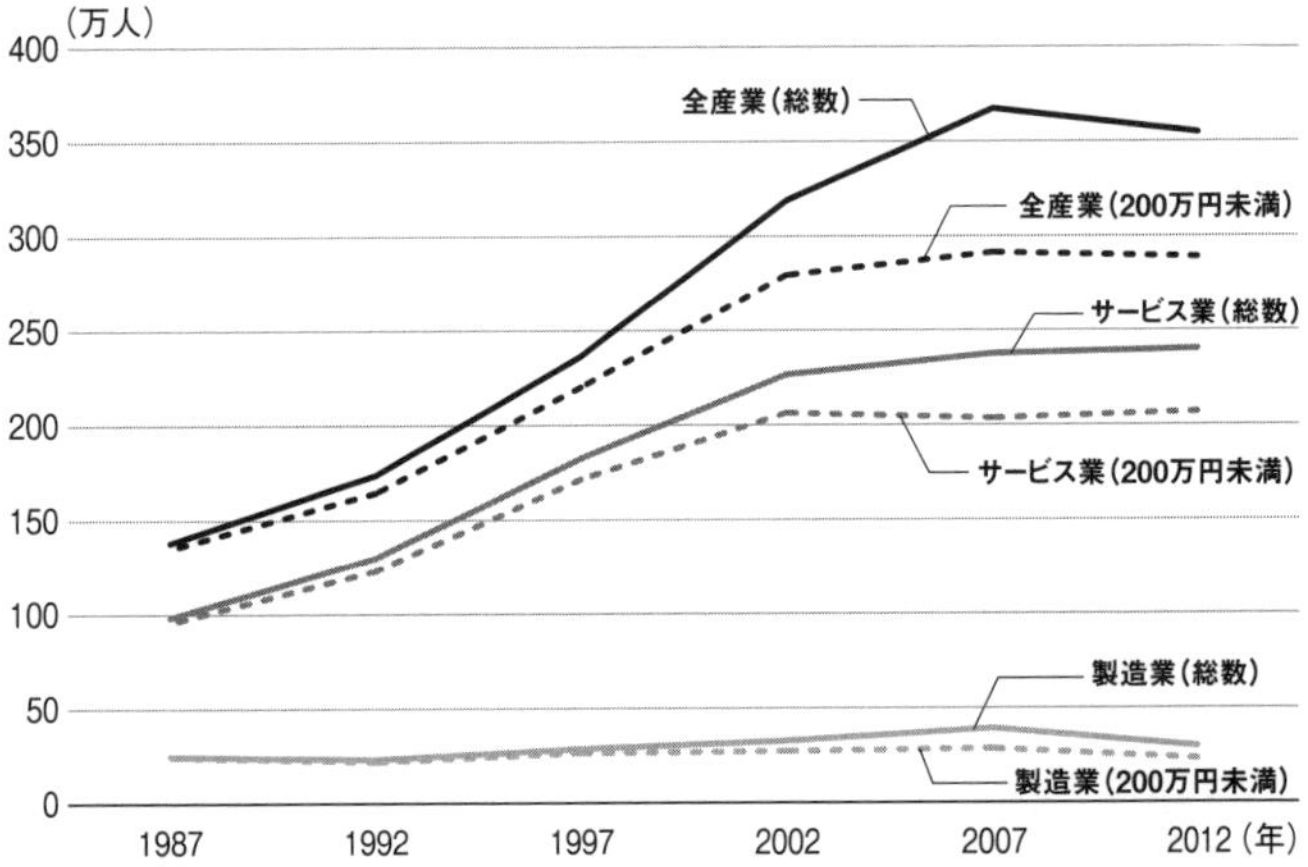


出典:平成24年就業構造基本調査

**図表2-2　増え続ける「経済的困窮状態」の若年女性　人数の変化**

**ベルの雇用を生み出し続けている**実態が、統計からは明確に読み取れたのだ（図表2-2）。

## 3　非正規雇用の拡大と男女の賃金格差

非正規雇用の拡大が所得の低下を招いているという問題は以前から繰り返し指摘されてきたが、その全体状況はどのようになっているのだろうか。これも就業構造基本調査から読み解くことができる。労働者全体の雇用形態を見ると、非正規雇用の職員・従業員が占める割合は、一九九二年の調査では二一・七%と、ほぼ五人に一人にとどまっていた。しかし、労働者派遣法の改正などを背景にその割合は上昇を続け、二〇一二年には三八・二%と、四〇%台に迫る勢いとなっている。

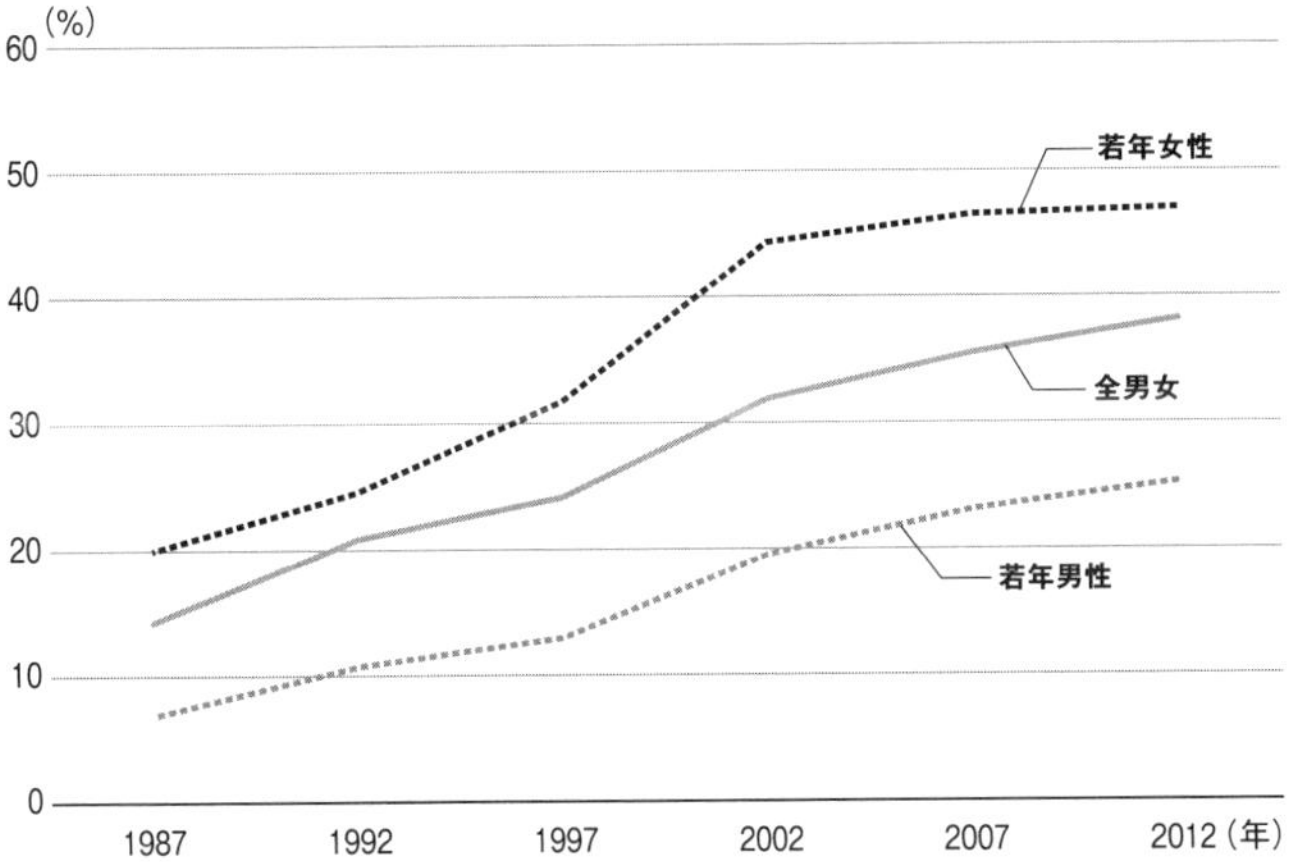


出典：平成24年就業構造基本調査

**図表3　若年男女労働者に占める非正規雇用の割合推移**

こうした傾向は若年女性にも顕著に現れており、一九九二年には二四・九％と労働者全体と同じ水準だったのが、**二〇〇二年には四四・三％**、**二〇一二年には四七％まで跳ね上がり**、**この二十年でほぼ倍増**しているのだ。若年男性でもこうした傾向は見られるが、一九九二年の一〇・五％から二〇一二年は二五・三％と、その割合は女性と比べて大きな開きがある（図表3）。

さらに、男女間の賃金格差という問題もある。厚生労働省が行っている「平成二十五年賃金構造基本統計調査」によると、**男性の場合、「正社員・正職員以外」すなわち非正規雇用の平均賃金が一カ月二一万六九〇〇円なのに対し、女性は一七万三九〇〇円。同じ非正規雇用であっても、女性は男性の八割程度の賃金**にとどまっているのだ（図表4）。

男女の賃金格差の問題に詳しい独立行政法人経済

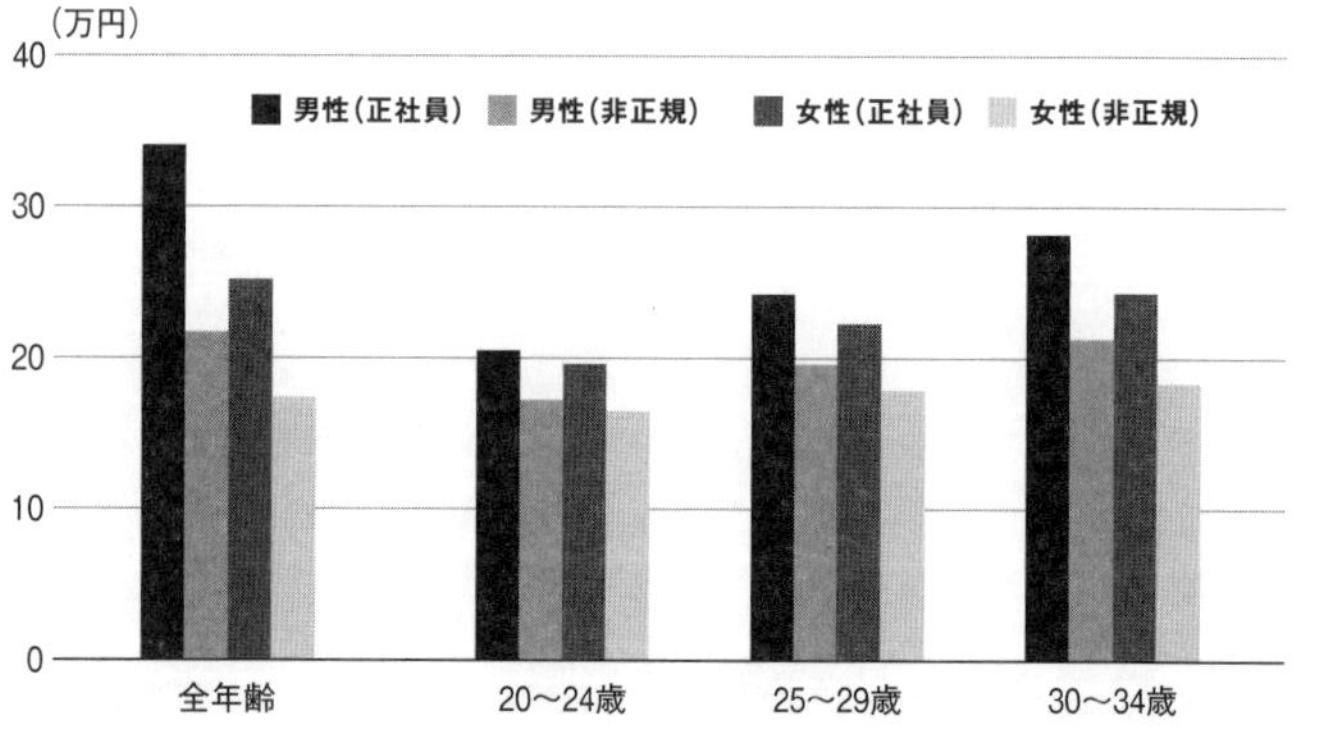


出典：厚生労働省「平成25年賃金構造基本統計調査」より抜粋

**図表4　非正規雇用の男女の賃金格差**

産業研究所の客員研究員でシカゴ大学教授の山口一男氏が行った二〇〇五年の賃金構造基本統計調査に基づいた分析でも、**非正規雇用の賃金格差は、いずれも男性を一とした場合、女性はフルタイムで〇・七八六、パートタイムでも〇・八八七と、いずれも男性を下回っている。**

さらに山口氏は、フルタイムの正規雇用であっても女性の賃金は〇・六九八と男性を大きく下回る点に注目し、その背景について「わが国の人材活用の不合理性は、長期雇用や年功賃金などの日本の雇用慣行が不合理なのではなく、それを前提とする者しか人材活用を考えないという一面性にある」と指摘している。つまり、男女の賃金格差は「長く働けない女性労働者は人材として活用できない」という考え方が定着している日本の企業文化の中で生み出されているというのである（**図表5**）。

ここで興味深いデータがある。ＯＥＣＤ＝経済協力開発機構が「OECD Economic Outlook 2013」というリ

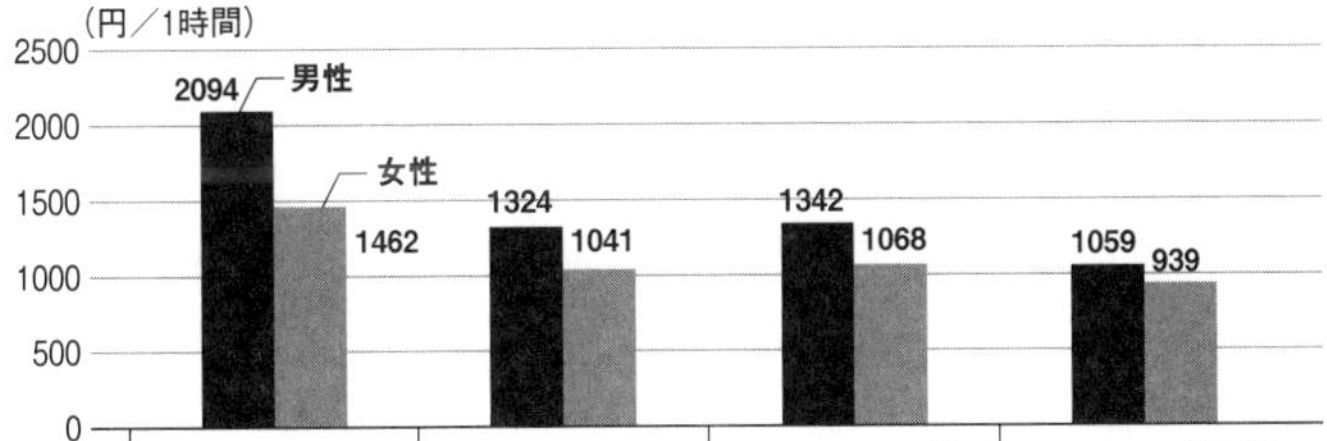


| | フルタイム正規 | フルタイム非正規 | パートタイム正規 | パートタイム非正規 |
|---|---|---|---|---|
| 賃金比（対男性） | 0.698 | 0.786 | 0.796 | 0.887 |

出典：「平成17年賃金構造基本統計調査」に基づき山口一男氏作成

**図表5 男女別の雇用形態別賃金格差**

ポートの中で主要国の名目賃金（額面通りの賃金）の推移を比較しているのだ。それによると、**一九九五年の名目賃金を一〇〇とした場合の二〇一二年の賃金は、アメリカでは一八〇・八、ユーロ圏は一四九・三と、いずれも右肩上がりに上昇を続けているのに対し、日本は逆に低下傾向を続け、二〇一二年の水準は八七・〇。欧米と比べて賃金の低下が際立つ形となっている。**先進諸国の中で異質とも取れる賃金の抑制と、その背景にある非正規雇用の拡大、そして埋まらない男女間の賃金格差。こうして見たとき、日本の雇用情勢の変化が、女性の活用に消極的な企業文化と相まって、若年女性にしわ寄せとなって押し寄せていると見ることはできないだろうか**（図表6）**。

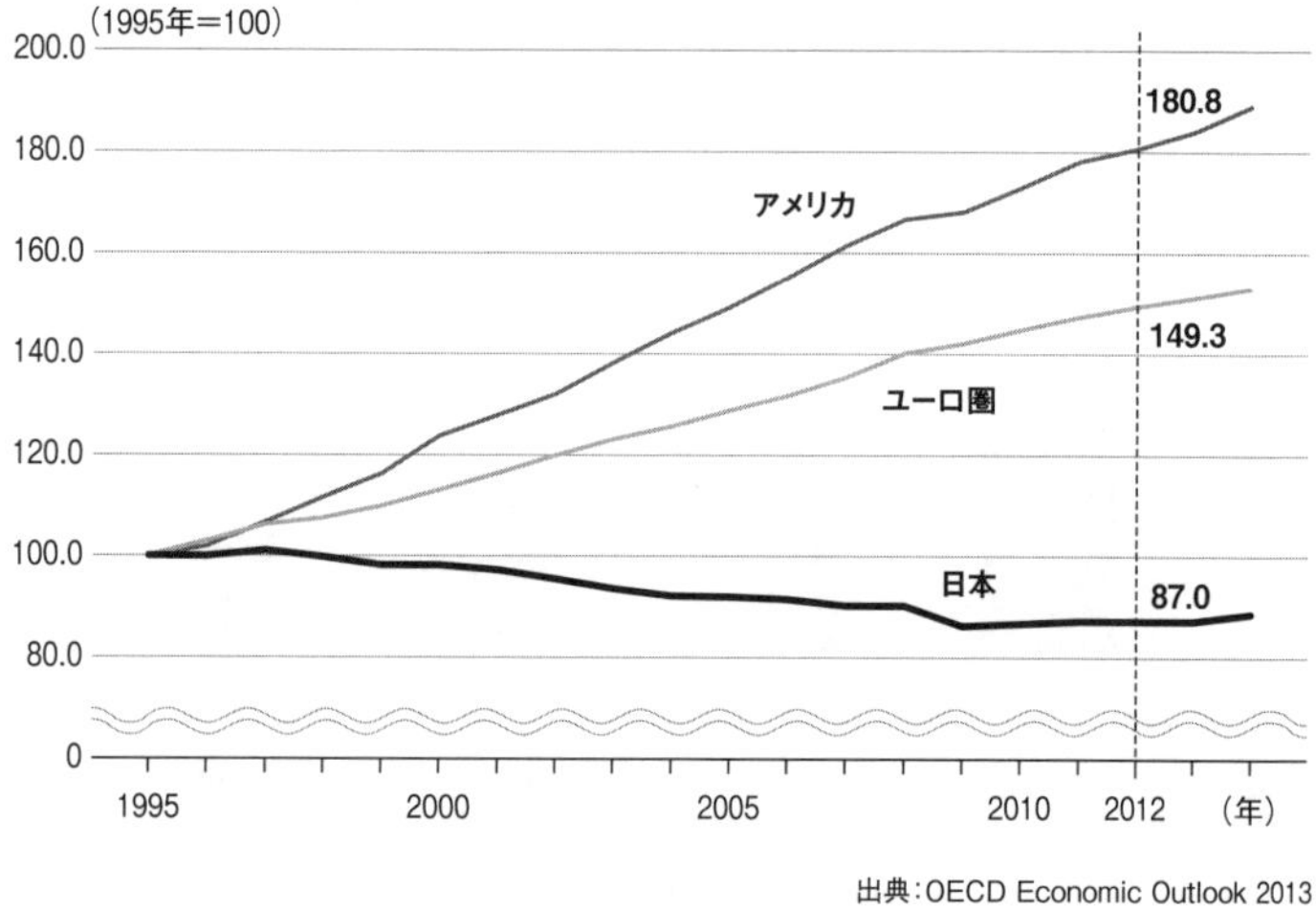


出典：OECD Economic Outlook 2013

**図表6　名目賃金の推移**

## 4 高学歴化が進む一方で、奨学金返済が重荷に

今回の番組を放送する一年前の二〇一三年五月、テレビや新聞などの各種メディアに、大卒女性に関するニュースが大きく取り上げられた。文部科学省と厚生労働省の調査で、**二〇一三年三月に卒業した大学生の就職希望者のうち、女子の就職率（内定を含む）が九四・七%と前年同期と比べて二・一ポイント上昇した**のに対し、男子は一・三ポイント下落の九三・二%となり、五年ぶりに女子が男子を上回ったというのである。**女子の就職希望率も七九・七%と過去最高を記録**し、働く意欲の高まりを示しているとされた。

しかし、「学校基本調査」を見ると、あまり手放しでは喜べない状況が見えてくる。同じ二〇一三年三月に卒業した大学生全体に占める就職率は男女合わせて六七・三%と、三年連続の上昇となった。しかし、契約社員や派遣社員（非正規）になった人は四・一%、アルバイト（一時的な仕事）も三%を占め、非正規雇用で働く人は卒業者全体の七・一%を占めているのである。さらに、非正規雇用で就職した人に、就職も進学もしていない人を加えると十一万五千人あまり。実に全体の二〇%、五人に一人は大学卒業後も安定的な職業に就いていないのだ。こうした傾向は、男女とも共通している**（図表7）**。

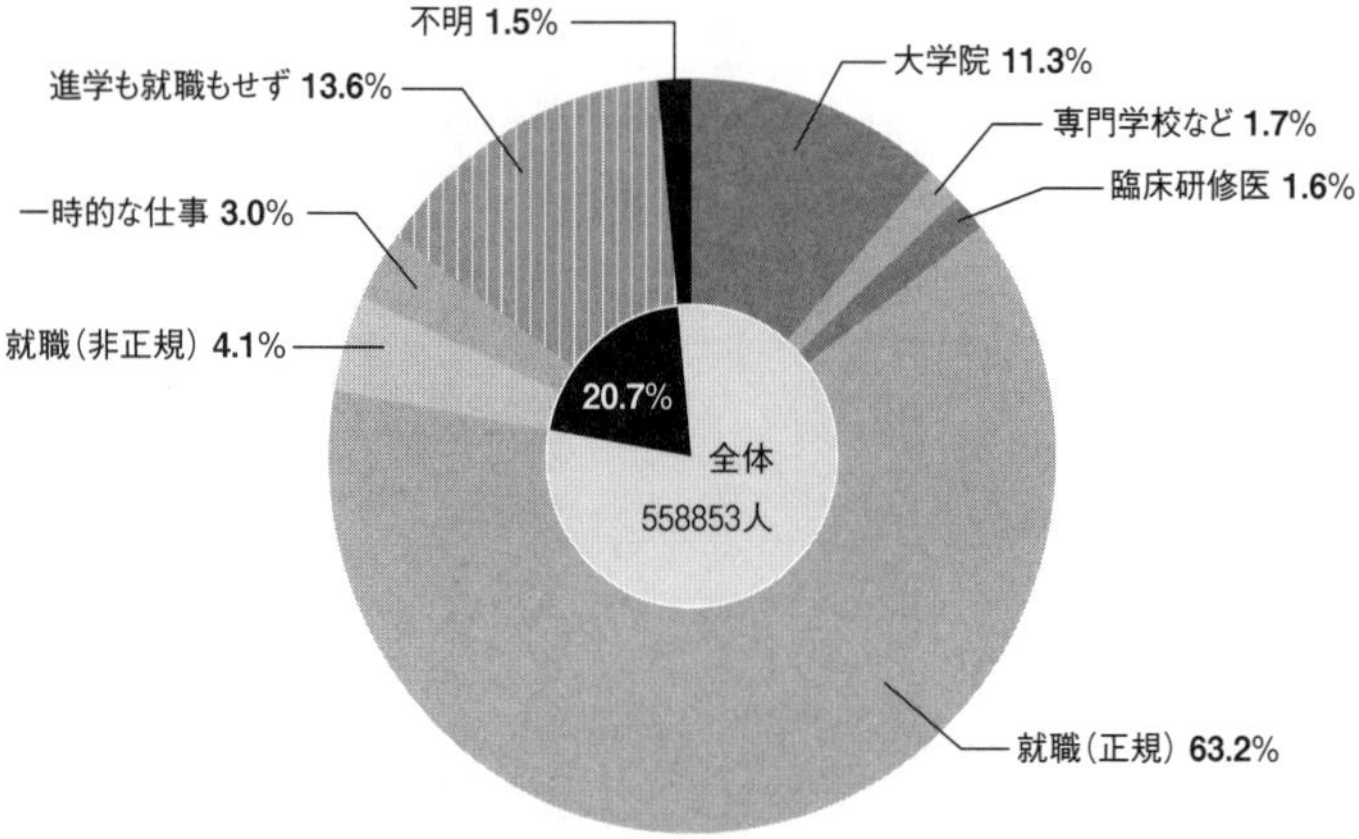


出典：文部科学省「学校基本調査」

**図表7　大学卒業者（平成25年3月）の就職・進学状況**

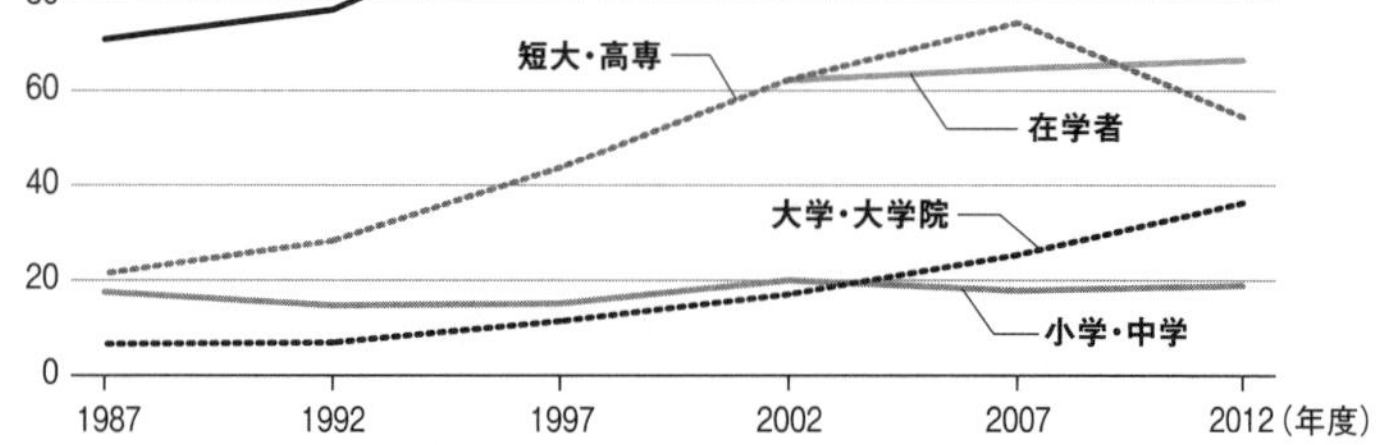


出典：平成24年就業構造基本調査

**図表8　学歴別所得200万円未満の人数推移**

この状況が若年女性を取り巻く環境に与える影響は、「就業構造基本調査」の分析にも顕著に現れている。非正規雇用の若年女性で年収二〇〇万円未満の困窮状態にある人を学歴別に見ると、「高校卒」は一九八七年の七十万八千人から二〇〇二年に百十七万二千四百人に跳ね上がった後、二〇一二年は百十一万七百人と高止まりしている。これに対して「大学・大学院卒」は、一九八七年は六万六千人だったのが、年を追うごとに増え続け、一九九七年には十一万四千人と十万人の大台を突破。さらに**直近の二〇一二年には三十六万二千八百人に達し、この二十五年の間に五倍以上**に膨れ上がっている。**困窮レベルの収入を余儀なくされる非正規雇用の若年女性の間に、高学歴化が進んでいる**現状は、深刻という以外にはない（図表8）。

大学を卒業しても、必ずしも安定した職業に就くことができない現実。それは、別の問題を生み出している。奨学金返済の滞納である。日本学生支援機構の公表したデータを分析すると、**平成二十四年度（二〇一二年）に奨学金を滞納した女性のうち、非正規雇用の占める割合は三三・一％で、男性の二四・五％と比べて有意に高くなっている**。しかも、統計の取り方の違いから直接比較はできないが、データが公表されている平成十九年度（二〇〇七年）以降、一貫して女性の滞納者に占める非正規雇用の割合は男性を上回っているのである。

さらに滞納者の年収を見ると、「収入なし」が二七・二％（男性は一〇・五％）、「一〇〇万円未満」が二五・〇％（同一四・九％）、「一〇〇万円以上二〇〇万円未満」が二七・〇％（同二四・三％）となっており、経済的理由から奨学金を受けて大学や専門学校などを卒業しても、不安定な非正規雇用にしか就くことができず、返済に苦しむ若年女性の姿が見て取れる。実際、取材した若年女性の中には、苦しい生活から抜け出そうと五〇〇万円を超える奨学金を借りて大学に進学したものの、安定した仕事に就くことができず、かえって返済が重石となって生活を直撃しているという皮肉なケースがいくつもあったのである。（図表9-1、9-2）。

（%）

| | 2007 | 2008 | 2009 | 2010 | 2011 | 2012 |
|---|---|---|---|---|---|---|
| 正規 | 31.4 | 30.8 | 28.5 | 27.4 | 34.5 | 35.6 |
| 男 | 41.9 | 41.3 | | 37.0 | 44.2 | 46.0 |
| 女 | 19.5 | 19.5 | | 17.3 | 23.6 | 22.7 |
| 非正規 | 36.3 | 35.7 | 36.9 | 38.4 | 27.1 | 28.4 |
| 男 | 32.1 | 31.0 | | 32.0 | 25.5 | 24.5 |
| 女 | **41.1** | **40.8** | | **45.3** | **29.7** | **33.1** |
| 無職 | 15.8 | 16.5 | 19.2 | 21.1 | 18.9 | 18.2 |
| 男 | 14.7 | 16.0 | | 21.8 | 17.5 | 17.3 |
| 女 | 17.0 | 17.0 | | 20.4 | 21.3 | 19.2 |
| 主婦 | 8.4 | 8.5 | 6.2 | 6.1 | 8.0 | 7.1 |
| 男 | 0.3 | 0.1 | | 0.1 | 0.2 | 0.1 |
| 女 | 17.6 | 17.5 | | 12.6 | 18.0 | 15.8 |
| 自営業 | 4.5 | 3.9 | 5.1 | 3.8 | 5.2 | 6.1 |
| 男 | 6.7 | 6.1 | | 5.6 | 6.8 | 7.9 |
| 女 | 2.1 | 1.6 | | 1.8 | 0.0 | 3.8 |
| 学生 | 1.5 | 0.8 | 0.5 | 1.2 | 1.2 | 0.9 |
| 男 | 1.6 | 0.9 | | 1.4 | 1.1 | 0.9 |
| 女 | 1.4 | 0.7 | | 1.0 | 1.3 | 1.0 |
| その他 | 2.1 | 3.8 | 3.6 | 1.9 | 5.2 | 3.7 |
| 男 | 2.7 | 4.5 | | 2.2 | 4.6 | 3.2 |
| 女 | 1.3 | 3.1 | | 1.5 | 6.1 | 4.4 |

出典：日本学生支援機構のデータをもとに集計（2010年度以前は集計方法が異なる）

**図表9-1 奨学金返済滞納者の状況　延滞者の職業**

## 5 「結婚しない」「できない」。背景に男性の貧困も

女性の社会進出が進む一方で、未婚化・晩婚化も進んでいると指摘されて久しい。総務省が実施した二〇一〇年の国勢調査によると、年齢別の未婚率は男女共年々高まっており、「二十五歳から二十九歳」では男性が七一・八％、女性が六〇・三％。「三十歳から三十四歳」でも男性が四七・三％、女性が三四・五％となっている。これを**一九八〇年時点と比較すると、特に「二十五歳から二十九歳」の女性の未婚率は倍増以**

(%)

| | 2007 | 2008 | 2009 | 2010 | 2011 | 2012 |
|---|---|---|---|---|---|---|
| **収入なし** | NA | NA | NA | 20.0 | 18.5 | 18.0 |
| 男 | | | | 14.8 | 10.6 | 10.5 |
| 女 | | | | **20.0** | **27.9** | **27.2** |
| **～100万** | 37.3 | 38.5 | 40.7 | 24.9 | 20.9 | 19.4 |
| 男 | 25.8 | 26.9 | | 20.1 | 16.5 | 14.9 |
| 女 | **50.3** | **51.1** | | **29.9** | **26.2** | **25.0** |
| **100万～200万** | 28.9 | 29.1 | 27.9 | 26.5 | 23.7 | 25.6 |
| 男 | 27.3 | 27.1 | | 26.0 | 23.2 | 24.3 |
| 女 | **30.6** | **31.4** | | **27.0** | **24.3** | **27.0** |
| **200万～300万** | 18.0 | 17.1 | 18.9 | 17.9 | 20.3 | 20.0 |
| 男 | 22.9 | 22.0 | | 22.6 | 24.8 | 25.3 |
| 女 | 12.6 | 11.8 | | 12.9 | 14.9 | 13.6 |
| **300万～400万** | 8.3 | 8.0 | 7.3 | 7.3 | 10.3 | 10.1 |
| 男 | 11.8 | 12.2 | | 10.9 | 15.0 | 14.6 |
| 女 | 4.3 | 3.5 | | 3.4 | 4.7 | 4.7 |
| **400万～** | 7.5 | 7.3 | 5.2 | 3.5 | 6.3 | 6.8 |
| 男 | 12.1 | 11.8 | | 5.7 | 10.0 | 10.4 |
| 女 | 2.2 | 2.2 | | 1.3 | 2.0 | 2.4 |

出典：日本学生支援機構のデータをもとに集計（2010年度以前は集計方法が異なる）

**図表9-2 奨学金返済滞納者の状況　延滞者の年収**

**上（一九八〇年は二四%）**となっていて、急速に未婚化・晩婚化が進む現状を裏づけている**（図表10）**。

しかし、未婚化・晩婚化の原因を単純に女性の社会進出に求めることは短絡的にすぎる。国立社会保障・人口問題研究所が五年に一度行っている「出生動向基本調査」によると、同じ**二〇一〇年の時点で、十八歳から三十四歳までの未婚の男女に結婚の意思を尋ねたところ、「いずれ結婚するつもり」という回答が男性で八六・三%、女性で八九・四%に上っているほか、一年以内に結婚する意欲を示した未婚者の割合も、男性で四三・三%、女性で五三・二%を占め、過去の同様の調査と比較するとわずかながら結婚を先延ばしする意識が薄らいでいる**のである（図表11−1）。

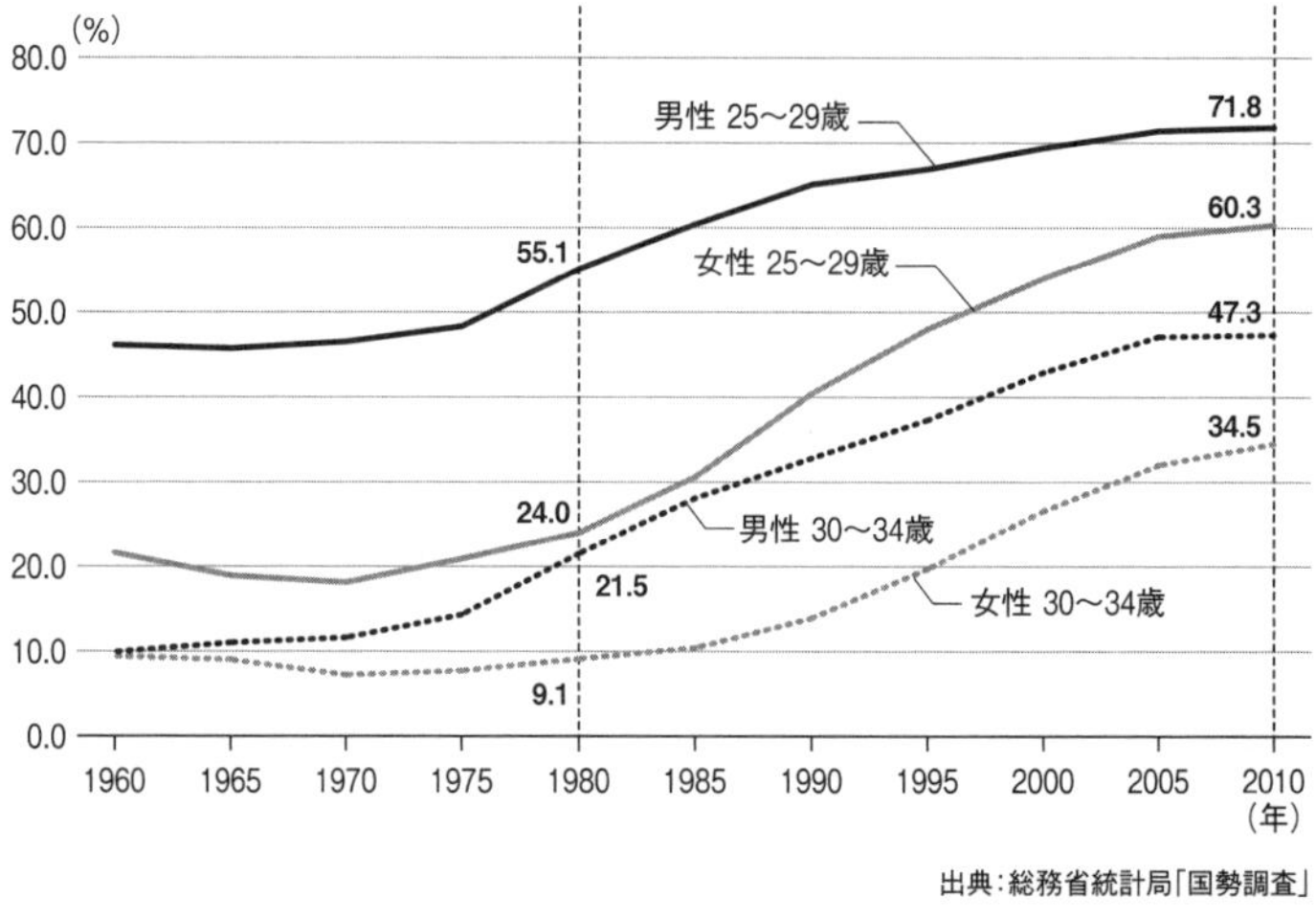


出典：総務省統計局「国勢調査」

**図表10 年齢別未婚率の推移**

(%)

| | | 1987年 | 1992年 | 1997年 | 2002年 | 2005年 | 2010年 |
|---|---|---|---|---|---|---|---|
| 男性 | いずれ結婚するつもり | 91.8 | 90.0 | 85.9 | 87.0 | 87.0 | 86.3 |
| | 一生結婚するつもりはない | 4.5 | 4.9 | 6.3 | 5.4 | 7.1 | 9.4 |
| | 不詳 | 3.7 | 5.1 | 7.8 | 7.7 | 5.9 | 4.3 |
| 女性 | いずれ結婚するつもり | 92.9 | 90.2 | 89.1 | 88.3 | 90.0 | 89.4 |
| | 一生結婚するつもりはない | 4.6 | 5.2 | 4.9 | 5.0 | 5.6 | 6.8 |
| | 不詳 | 2.5 | 4.6 | 6.0 | 6.7 | 4.3 | 3.8 |
| 男性 | 1年以内の結婚意思あり | 40.8 | 38.7 | 42.0 | 42.2 | 42.1 | 43.3 |
| | まだ結婚するつもりはない | 57.3 | 59.3 | 56.5 | 55.9 | 56.0 | 55.5 |
| 女性 | 1年以内の結婚意思あり | 49.0 | 47.8 | 51.1 | 52.6 | 50.1 | 53.2 |
| | まだ結婚するつもりはない | 49.5 | 50.7 | 47.7 | 46.3 | 48.8 | 45.6 |

出典：国立社会保障・人口問題研究所「出生動向基本調査」

**図表11-1 未婚者の結婚の意思（18〜34歳）**

| | 男性 | 女性 |
|---|---|---|
| 結婚資金 | 43.5% | 41.5% |
| 結婚のための住居 | 19.3% | 15.3% |
| 職業や仕事上の問題 | 14.8% | 17.6% |
| 学校や学業上の問題 | 11.1% | 12.6% |
| 親の承諾 | 9.6% | 17.1% |
| 親との同居や扶養 | 6.3% | 7.9% |
| 年齢上のこと | 3.3% | 3.9% |
| 健康上のこと | 2.0% | 2.3% |

出典：国立社会保障・人口問題研究所「出生動向基本調査」

**図表11-2 結婚の障害となるもの（結婚の意思のある18〜34歳）**

それでは、何が障害となっているのか。同調査で、**結婚の意思のある未婚者に一年以内に結婚するとした場合の障害となることを尋ねたところ、男女とも「結婚資金」という回答が最も多く（男性四三・五%、女性四一・五%）**、いずれもこれまでの調査で最も高い割合となった（図表11-2）。

また、独身にとどまっている理由については「適当な相手にめぐり合わない」「まだ必要性を感じない」「自由さや気楽さを失いたくない」といった回答が上位を占める一方で、**「結婚資金が足りない」という回答の割合が、過去の同様の調査と比較すると男女共に上昇傾向を示しており、経済的理由が未婚化・晩婚化に影を落としている**ことがうかがえる（図表11-3）。

| | 男性 | | 女性 | |
|---|---|---|---|---|
| | 18〜24歳 | 25〜34歳 | 18〜24歳 | 25〜34歳 |
| まだ若すぎる | 47.3% | 6.5% | 41.6% | 2.7% |
| まだ必要性を感じない | 38.5% | 31.2% | 40.7% | 30.4% |
| 仕事に打ち込みたい | 35.4% | 17.8% | 39.4% | 16.9% |
| 趣味や娯楽を楽しみたい | 17.3% | 21.2% | 18.1% | 20.7% |
| 自由さや気楽さを失いたくない | 17.0% | 25.5% | 21.9% | 31.1% |
| 適当な相手にめぐり合わない | 31.0% | 46.2% | 35.1% | 51.3% |
| 異性とうまくつき合えない | 11.9% | 13.5% | 7.0% | 11.6% |
| **結婚資金が足りない** | **23.8%** | **30.3%** | **20.8%** | **16.5%** |
| 住居のめどが立たない | 6.1% | 7.6% | 5.2% | 4.5% |
| 親や周囲が同意しない | 4.8% | 3.7% | 10.4% | 5.5% |

出典：国立社会保障・人口問題研究所「出生動向基本調査」

**図表11-3　独身にとどまっている理由（18〜34歳、複数回答）**

さらに同調査では、もう一つ気になる結果を示している。**「結婚には利点がある」と考える未婚者の割合を、就業状況によって分類したデータだ。それによると、「正規職員」では男女共に高い割合を示しているのに対し（男性六九・九％、女性七九・七％）、「パート・アルバイト」や「無職・家事」では有意に低くなっている**のである。しかも、調査対象者に占める非正規雇用の割合は、男性で一四・四％、女性で二二・八％を占め、パートや派遣労働などに就く人の割合が上昇傾向で、正規職員の割合は低下傾向が続いている。実際、現場で取材した若年女性や低所得者支援に携わる関係者は口々に、「低所得者は低所得者としか出会えない」「出会いの場にも、収入による二極化が進んでいる」と話しており、これらのデータはこうした証言を補強するものとなっている。困窮

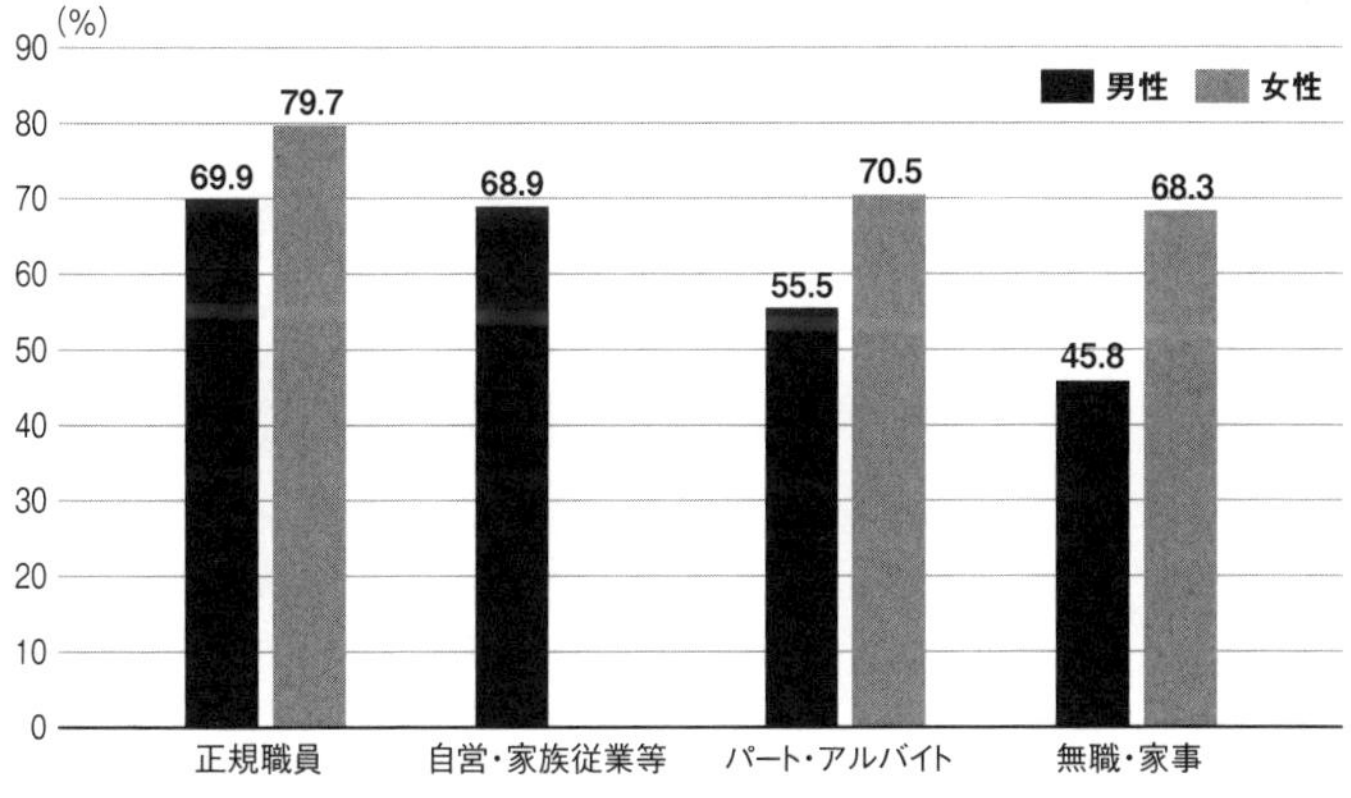


出典：国立社会保障・人口問題研究所「出生動向基本調査」

図表11-4 「結婚することには利点がある」と考える未婚者の職業別割合（18〜34歳）

状態のもとで「結婚できない」と話す若年女性たち。その向こうには、同じく困窮状態にあえぐ若年男性の姿も透けて見えるのである。（図表11－4、11－5）

## 6 行き届かない母子世帯支援と、わが子を手放す女性の増加

様々なデータをもとに、若年女性の貧困または困窮の全体像の分析を進めている中で、とりわけ気になったのは「母子世帯」の存在だった。特に幼い子どもを抱えるシングルマザーの場合、子育てに時間を割くという雇用上の大きな制約があり、正規雇用の仕事に就くことは容易ではないのが実情だ。実際、現場の取材でも、幼少期から貧困または困窮状態にあった若年女性の多くは母子世帯の出身だったのである。

| | 男性 | | | 女性 | | |
|---|---|---|---|---|---|---|
| | 派遣・嘱託・契約 | パート・アルバイト | 無職・家事 | 派遣・嘱託・契約 | パート・アルバイト | 無職・家事 |
| 1982年 | | 2.4% | 3.2% | | 3.7% | 9.7% |
| 1987年 | | 2.1% | 2.7% | | 3.9% | 7.1% |
| 1992年 | | 2.1% | 2.3% | | 4.5% | 5.3% |
| 1997年 | | 7.7% | 3.3% | | 14.1% | 5.7% |
| 2002年 | 1.9% | 10.9% | 7.0% | 4.8% | 16.3% | 8.1% |
| 2005年 | 6.3% | 10.5% | 6.4% | 10.6% | 13.5% | 6.8% |
| 2010年 | 5.5% | 8.9% | 8.5% | 8.1% | 14.7% | 7.6% |

出典：国立社会保障・人口問題研究所「出生動向基本調査」

**図表11-5 調査対象者に占める非正規雇用・無職等の割合（18〜34歳）**

厚生労働省が実施した「平成二十三年度全国母子世帯等調査結果報告」によると、全国の母子世帯数は推計で百二十三万八千世帯、このうち同居する親族がいない母子のみの世帯は七十六万世帯に上るとされる。しかも、その就業状況を見ると、八〇・六％がなんらかの仕事に就いてはいるが、このうち**パートやアルバイトなどの非正規雇用が五二・一％と半数近くを占めているのが実情であり、その平均年収は二二三万円、このうち母親が仕事で得た平均年収は一八一万円にとどまっている。**しかも、**離婚が原因で母子家庭となった世帯でも、養育費の取り決めをしている世帯は約三八％で、養育費を現在も受け取っているという世帯はわずか約二〇％にすぎない（図表12）。**

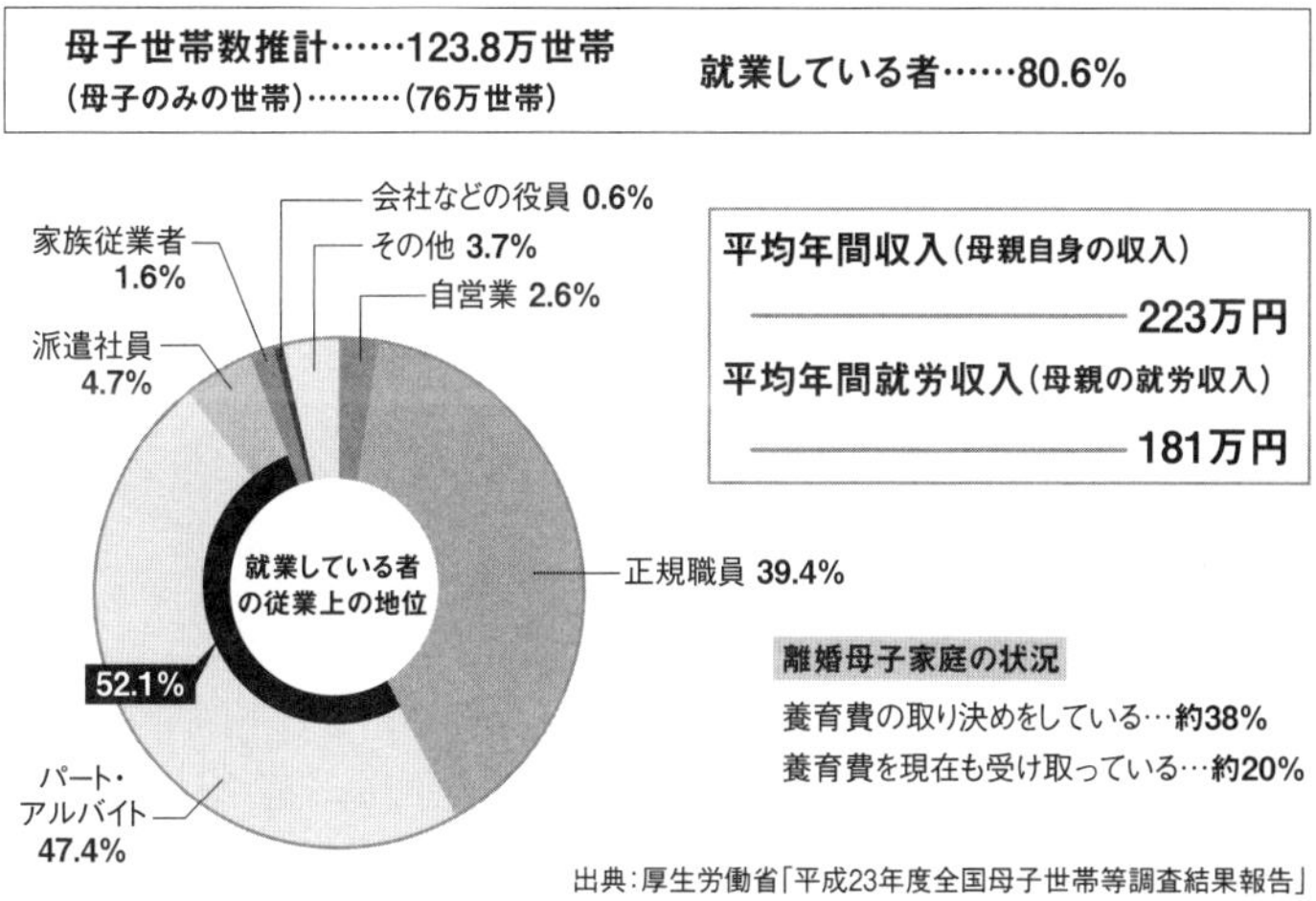


図表12 母子家庭の状況

東京大学大学院の白波瀬佐和子教授は、二〇一〇年に出された内閣府男女共同参画局「生活困難を抱える男女に関する検討会」の報告書の中で、こうしたシングルマザーの相対的貧困率を示している。それによると、二〇〇七年の就業構造基本調査から分析した二十代のシングルマザーの相対的貧困率は八〇%、つまり、五世帯中四世帯は「貧困ライン」を下回る生活水準にあると指摘しているのだ。

シングルマザーへの支援が行き届いていないことを示す顕著なデータがある。OECD＝経済協力開発機構がまとめた「Doing Better for Families.」というレポートの中で、各国のひとり親世帯の子どもの貧困率を、親の就業状況ごとに比較しているものだ。それによると、**親が働いていない場合の子どもの貧困率は五二・五%なのに対し、親が働いている場合は五四・六%とかえって貧困率が上がり、加盟三十四カ国中でも飛びぬけて高くなっている**。また、「OECD (2014) Family Database "Child Poverty"」という別のレポートでも、**ひとり親世帯の子どもの貧困率は五〇・八%と、データのない韓国を除き、加盟国中で最悪レベル**となっている。これらのデータはひとり親世帯を対象にしたものであり、父子家庭も含まれているが、日本の場合はひとり親世帯に占める母子家庭の割合が八五%近くに上っている上、経済状態も父子世帯の方がよい傾向にあることから、こうした状況は主に母子家庭の実情を示すものと見ても支障はないと考えられる**(図表13－1、13－2)**。

| 子ども(0〜17歳) | | ひとり親世帯 | | 2人親世帯 | | |
|---|---|---|---|---|---|---|
| | | 無職 | 有職 | 無職 | 有職(1人) | 有職(2人) |
| オーストラリア | 11.8 | 67.8 | 6.1 | 50.8 | 7.9 | 1.0 |
| オーストリア | 6.2 | 51.3 | 10.5 | 36.3 | 4.5 | 2.9 |
| ベルギー | 10.0 | 43.2 | 10.1 | 36.1 | 10.6 | 2.5 |
| カナダ | 14.8 | 90.5 | 29.6 | 79.4 | 28.7 | 4.1 |
| チリ | 20.5 | 87.2 | 37.6 | 32.8 | 27.2 | 5.8 |
| チェコ | 10.3 | 71.4 | 10.3 | 43.2 | 9.5 | 0.7 |
| デンマーク | 3.7 | 33.9 | 5.1 | 29.2 | 7.8 | 0.6 |
| エストニア | 12.4 | 94.5 | 29.2 | 75.4 | 16.3 | 3.1 |
| フィンランド | 4.2 | 46.3 | 5.6 | 23.4 | 8.9 | 1.1 |
| フランス | 8.0 | 35.8 | 14.6 | 18.1 | 8.7 | 3.0 |
| ドイツ | 8.3 | 46.2 | 11.6 | 23.2 | 3.7 | 0.6 |
| ギリシャ | 13.2 | 83.6 | 17.6 | 39.2 | 22.1 | 4.0 |
| ハンガリー | 7.2 | 30.8 | 21.3 | 9.6 | 6.5 | 3.1 |
| アイスランド | 8.3 | 22.9 | 17.1 | 51.0 | 28.8 | 4.1 |
| アイルランド | 16.3 | 74.9 | 24.0 | 55.4 | 15.7 | 1.9 |
| イスラエル | 26.6 | 81.1 | 29.6 | 86.4 | 37.5 | 3.6 |
| イタリア | 15.3 | 87.6 | 22.8 | 79.3 | 22.5 | 2.7 |
| **日本** | **14.2** | **52.5** | **54.6** | **37.8** | **11.0** | **9.5** |
| 韓国 | 10.3 | 23.1 | 19.7 | 37.5 | 9.5 | 5.3 |
| ルクセンブルグ | 12.4 | 69.0 | 38.3 | 27.4 | 15.8 | 5.3 |
| メキシコ | 25.8 | 48.2 | 31.6 | 68.7 | 34.7 | 11.2 |
| オランダ | 9.6 | 56.8 | 23.2 | 63.1 | 14.6 | 1.8 |
| ノルウェー | 5.5 | 42.5 | 5.9 | 45.4 | 7.3 | 0.2 |
| ニュージーランド | 12.2 | 75.7 | 14.0 | 68.6 | 9.3 | 1.0 |
| ポーランド | 21.5 | 74.9 | 25.6 | 51.2 | 28.4 | 5.7 |
| ポルトガル | 16.6 | 90.2 | 26.2 | 53.2 | 34.3 | 4.8 |
| スペイン | 17.3 | 78.0 | 32.2 | 70.6 | 23.2 | 5.1 |
| スロバキア | 10.9 | 65.9 | 23.9 | 66.0 | 18.2 | 1.8 |
| スロベニア | 7.8 | 72.8 | 19.6 | 76.6 | 22.0 | 2.1 |
| スウェーデン | 7.0 | 54.5 | 11.0 | 46.0 | 18.5 | 1.4 |
| スイス | 9.4 | 21.6 | | 7.6 | | |
| トルコ | 24.6 | 43.6 | 31.9 | 28.1 | 18.9 | 20.2 |
| 英国 | 10.1 | 39.1 | 6.7 | 35.8 | 9.0 | 1.0 |
| 米国 | 21.6 | 91.5 | 35.8 | 84.1 | 30.6 | 6.6 |
| OECD34国平均 | 12.7 | 61.4 | 21.3 | 49.4 | 17.3 | 3.9 |
| ロシア | 20.1 | 56.0 | 24.5 | 57.2 | 29.8 | 15.0 |

出典:OECD, 2011a, Doing Better for Families.

**図表13-1 OECD加盟国の世帯形態別貧困率比較**

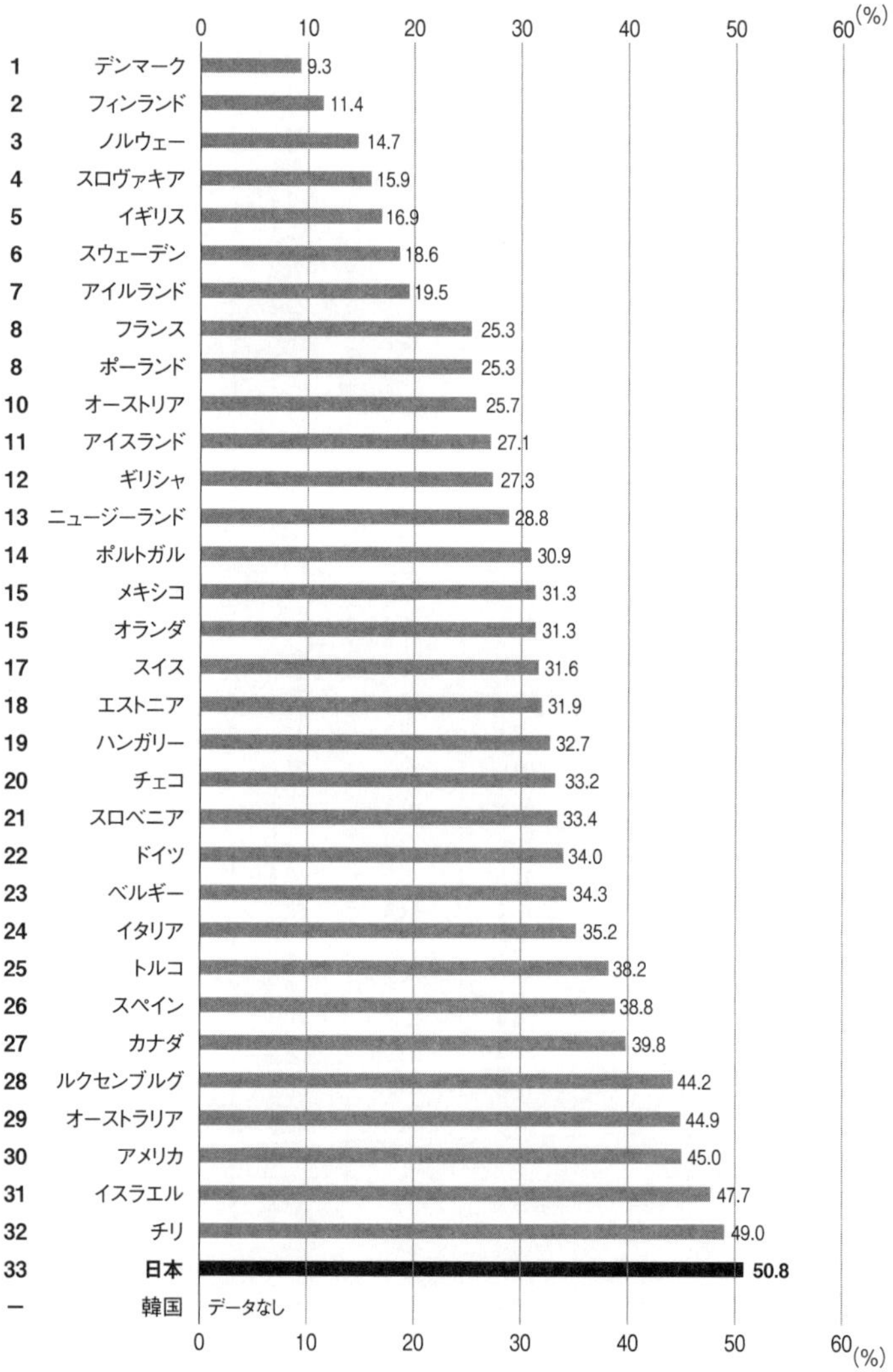


出典：OECD（2014） Family Database “Child Poverty”

**図表13-2 ひとり親世帯の相対的貧困率**

母子家庭支援が行き届かない中で、生まれたばかりのわが子を手放す決断をするシングルマザーも増えている。**厚生労働省がまとめた民間養子縁組の斡旋《あっせん》状況を見ると、特別養子縁組の成立件数は、平成十九年度（二〇〇七年）には二十二件だったのが、平成二十三年度（二〇一一年）には百二十七件と急増しているのである。**もちろん、この件数の中には、様々な動機のものが含まれていると推察される。しかし、実際に取材した中では、低所得の家庭で生まれ育ち、結婚を前提に交際相手の子どもを身ごもったものの、結婚に至ることができず、「貧困の連鎖を断ち切ってわが子を幸せにするには、特別養子縁組しかなかった」と話すシングルマザーもいた。ここにも経済的な事情が深く影を落としているのである（**図表14**）。

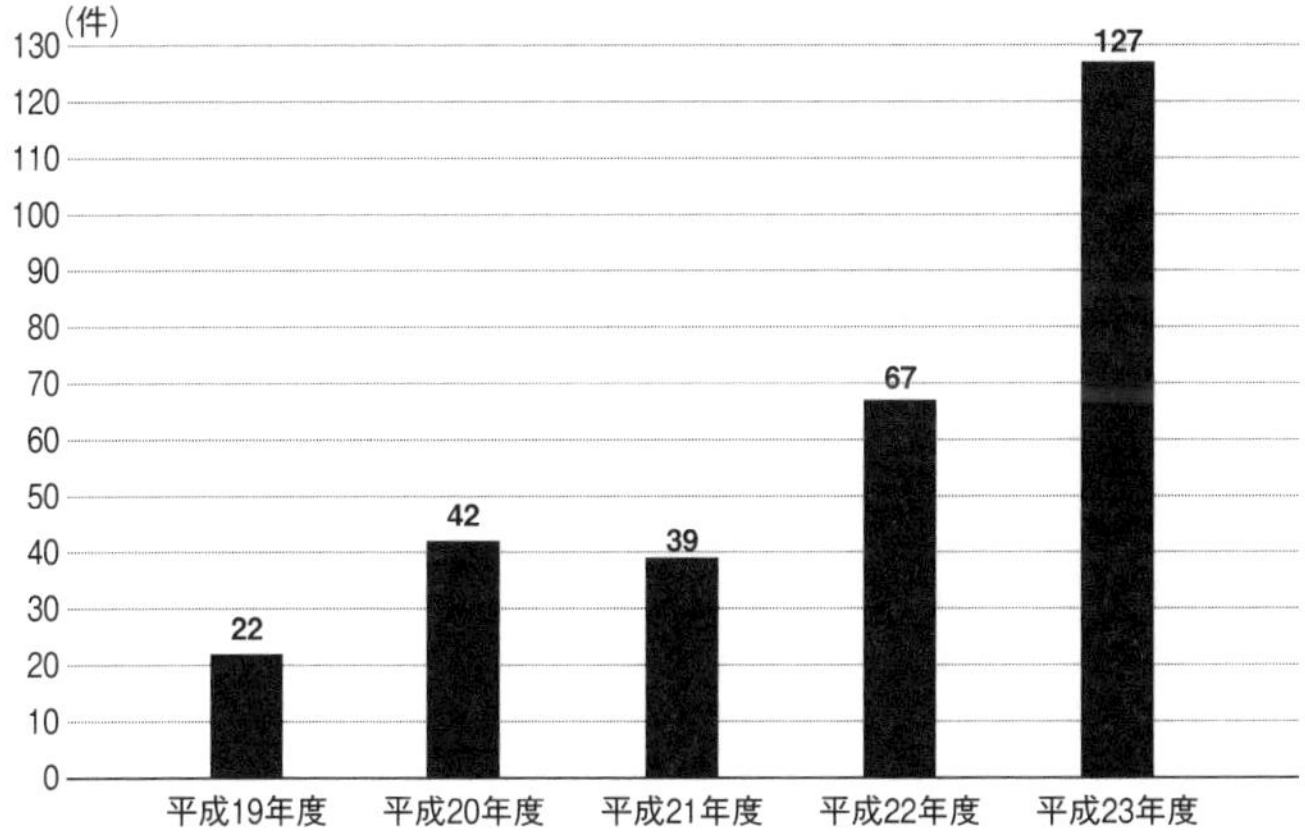


出典：厚生労働省家庭福祉課調べ

**図表14　特別養子縁組の成立状況**

これからの社会を支え、さらに次世代を担う子どもの母親となることも期待される若年女性たち。しかし、彼女たちに忍び寄る「貧困」や「困窮」の実情は、雇用環境の変化などと相まって、極めて根深いものがある。

## 7 生活保護受給層に見る貧困の固定化

関西国際大学の道中隆教授は、二〇〇七年八月にまとめた「保護受給層の貧困の様相――保護受給世帯における貧困の固定化と世代的連鎖――」という論文の中で、大阪近郊の自治体を対象に、生活保護受給世帯で生じている貧困の連鎖についての調査結果を報告している。それによると、調査時点で生活保護を受給している世帯の世帯主のうちの二五・一％は、かつて生まれ育った家庭においても生活保護を受給していることが確認されたとしている。こうした状況は母子家庭においても顕著であり、調査対象となった百六世帯のうちの四十三世帯で生活保護受給が継承されていた。中でも注目すべきは最終学歴であり、この四十三世帯のうち三十一世帯、率にして七二・一％が「中卒」または「高校中退」だったのである。

また、厚生労働省社会・援護局保護課の調べでも、**生活保護受給世帯で生まれ育った子ども**

**の進学状況を見ると、二〇一〇年から二〇一三年にかけての高校等への進学率は八七・五%から八九・九%となっている。**全国の高校進学率と比べておおむね一〇ポイント前後の開きがあり、「貧困」と「子どもの教育」が直結した問題であることを示している（**図表15**）。

ここまで見てきたように、子どもの貧困が親の世代、特に母子家庭から引き継がれたケースが多いこと、さらには今後母親となる若年女性の間に「貧困」や「困窮」が広がっている現状を考えた場合、その対策は決して一通りでは済まないことは、分析した各種データが示している通りである。

最後に、今回の分析にあたっては、一橋大学大学院経済学研究科の川口大司教授および同研究室の孫亜文さんに多大なる協力をいただいた。この場を借りて、改めて感謝の意を表したい。

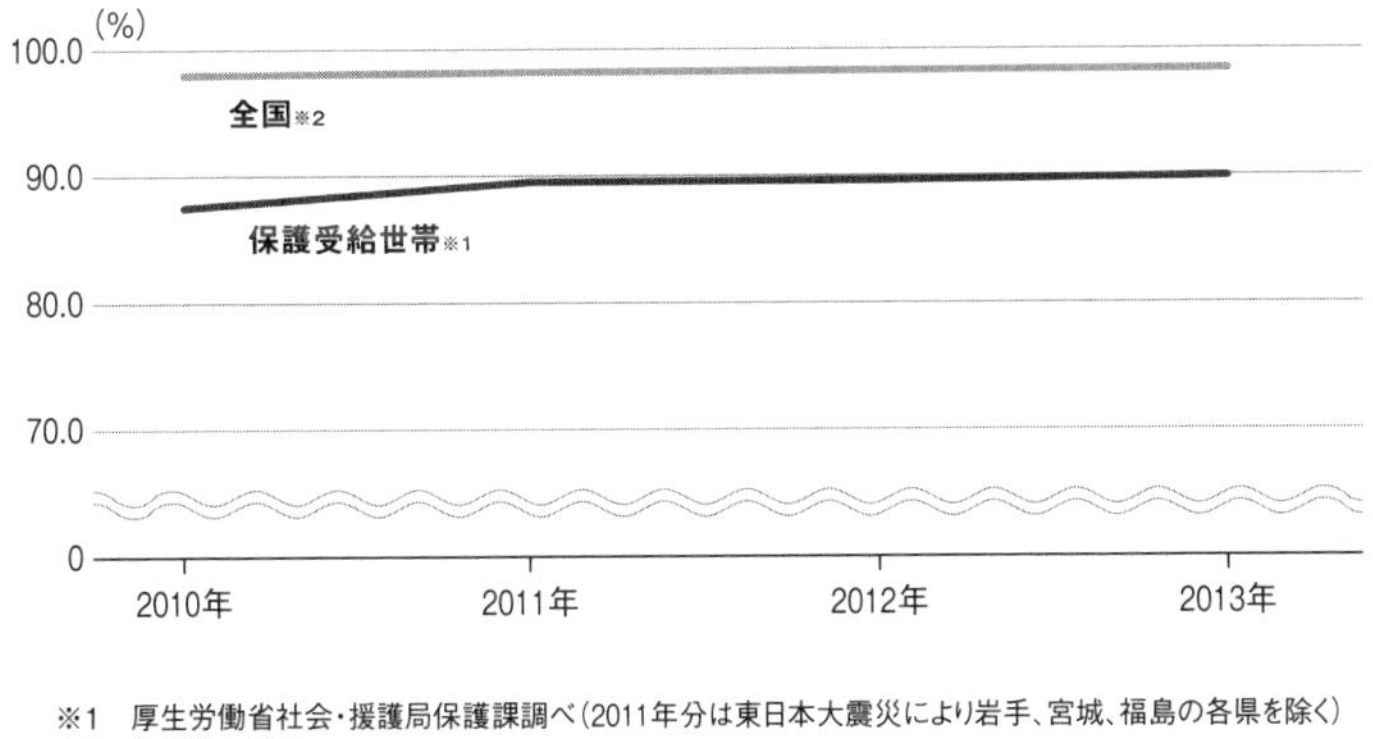


※1　厚生労働省社会・援護局保護課調べ（2011年分は東日本大震災により岩手、宮城、福島の各県を除く）
※2　学校基本調査

**図表15　生活保護受給世帯の高校等進学率**

## 出典・引用文献一覧


・「総務省　平成24年就業構造基本調査」

・「厚生労働省　平成25年賃金構造基本統計調査」

・「男女の賃金格差解消への道筋：統計的差別に関する企業の経済的非合理性について」
山口一男（シカゴ大学教授、RIETI客員研究員）
独立行政法人経済産業研究所　RIETI Discussion Paper Series 07-J_038

・「OECD Economic Outlook 2013」
平成25年度　内閣府　経済の好循環実現に向けた政労使会議（第2回）
東京大学大学院経済学研究科　吉川洋教授提出資料より

・「文部科学省・厚生労働省　平成24年度大学等卒業者の就職状況調査（平成25年4月1日現在）」

・「文部科学省　平成25年度学校基本調査」

・「独立行政法人日本学生支援機構　奨学金の延滞者に関する属性調査（平成19年度～平成24年度）」

・「総務省統計局　平成22年国勢調査」

・「国立社会保障・人口問題研究所　第14回出生動向基本調査」

・「厚生労働省　平成23年度全国母子世帯等調査結果報告」

・「生活困難を抱える男女に関する検討会報告書―就業構造基本調査・国民生活基礎調査　特別集計―」
平成22年3月　内閣府男女共同参画局

・「OECD, 2011a, Doing Better for Families.」

・「OECD (2014) Family Database "Child Poverty"」

・「保護受給層の貧困の様相―保護受給世帯における貧困の固定化と世代的連鎖―」
道中隆　2007年8月　「生活経済政策」

# おわりに――人生のスタート地点で「夢」や「希望」が奪われる社会とは

本書は二〇一三年二月に放送された、おはよう日本『〝望まない妊娠〟女性たちの現実』、同年七月の地方発ドキュメンタリー『彼女たちの出産～二〇一三　ある母子寮の日々～』、二〇一四年一月のクローズアップ現代『あしたが見えない～深刻化する〝若年女性〟の貧困～』、そして同年四月のNHKスペシャル『調査報告　女性たちの貧困～〝新たな連鎖〟の衝撃～』について、番組で紹介することができなかった取材の内容も含めてまとめたものである。

テーマの如何にかかわらず、番組を制作する過程で、私たちは多くの「言葉」に出会う。ストレートニュースの後列に位置する報道番組の役割は、ある意味においては、日々のニュースからは聞こえてこない、なるべく多くの「言葉」を拾い上げることだといっても大げさではないかもしれない。そうした「言葉」の中には、取材に逡巡するスタッフの背中を押したり、後になって番組の核心となっていくものも少なくない。

「はじめに」と第一章で紹介した、早朝のコンビニエンスストアで働きながら通信制高校で学ぶ十九歳の女性が語った言葉は、まさにスタッフの背中を押し、番組の核心になるものだった。「理想はないですね、基本。できれば今の生活から脱出して、普通の生活をするのが理想ですかね」と、何かをあきらめたような表情で語った女性。十九歳の女性が、そのように語らざるを得ない社会の〝今〟を解き明かしたいという思いが、スタッフにとって取材の推進力になっていった。

そして、浮かび上がってきたのは、親の世代の貧困が、子の世代へと連鎖・階層化し、中でも、若い女性たちがその影響を強く受けているという実態だった。

そうした言葉とは別に、番組制作の過程で個人的に心をとらえ続ける「言葉」もある。私にとってそれは、国谷裕子キャスターが語った言葉だった。この夏、放送三千五百回を超えたクローズアップ現代は、放送日の前日、国谷キャスターを交えた試写と打ち合わせを行うことを常としてきた。日々テーマが異なる中で、膨大な資料の読み込みを欠かさない国谷キャスターと取材スタッフの議論を通して、三千五百回もの放送は積み重ねられてきた。この「前日試写」と呼ばれる場で議論が深まり、番組の方向性が一変することもしばしばある。私がこの番組に関わるようになって十年以上が経つが、「前日試写」の緊張感は一向に減ずることはない。

『あしたが見えない』の「前日試写」も、また同じだった。貧困問題に対する歴史的視野が狭いのではないか、問題に対する踏み込みが甘いのではないか、あるいは取材対象に肩入れしすぎではないか……。

ＶＴＲの試写が終わり、番組編集長や記者デスクなどの指摘が一巡した後、国谷キャスターは自分の経験も交えて静かに語り出した。

「自分のことを思い返しても、十代から二十代の前半の時代は、夢や希望にあふれる時期でした。時につらいことがあっても、憧れの人について友人ととめどなく語り合ったりして、他愛ないことでも笑っていられる、人生の中でもキラキラと輝いている時間だと思います。その人生のスタート地点ともいえるときに、すでに夢や希望が失われる社会とはどんな社会なのでしょうか」

最も輝いているはずの時代、人生のスタート地点で「夢」や「希望」が簒奪される社会とはなんなのか。どうすれば彼女たちが再び「夢」や「希望」を持つことができるのか。

早朝のコンビニエンスストアで働いていた十九歳の女性は、奨学金を利用して、保育士養成の専門学校に進学した。入学式の当日、女性は「勉強もここからちゃんとしていかなくちゃいけないので。友達と楽しみながら支え合いながらやっていきたい」と、これまでにない晴れがましい表情で語った。半年近く彼女の取材を続けてきた記者も感慨ひとしおの様子だった。

中学を卒業して以来ずっと厳しい生活に身を置きながら、自らの力で前に進もうとする女性。私たちは「いつか、安心して暮らしていける日が来ることを信じて。働き続ける日々がまた始まります」というコメントで、ＮＨＫスペシャルを結んだ。

放送後、貧困問題に長く取り組んできた専門家などから「生活保護など必要な支援を利用して生活再建をはかる方法があるのではないか」「個人の『自助』に打開策を委ねているのはおかしい」など、厳しい意見をいただいた。私たちは、女性の「自助」を礼賛しているわけでは決してない。しかし、解決の道筋を多角的に具体性をもって提示することができなかったのもまた事実だった。

どうすれば彼女たちが再び「夢」や「希望」を持つことができるのか。そのために社会には何が求められるのか。一連の番組の制作を終えた今も、燻り続けている「問い」である。そして今、スタッフたちは「問い」の答えを探して、新たな取材を始めている。

ＮＨＫ報道局社会番組部　チーフ・プロデューサー　三村忠史

## 番組制作スタッフ

NHKクローズアップ現代
『あしたが見えない〜深刻化する〝若年女性〟の貧困〜』
（2014年1月27日放送）

[キャスター]　国谷裕子
[語　り]　大場真人
[取　材]　村石多佳子
[撮　影]　涌井洋
[音声・照明]　藤田真実　岡戸貴憲
[編　集]　森雄司
[音響効果]　三澤恵美子
[ディレクター]　宮崎亮希
[制作統括]　戸来久雄　高山仁　三村忠史

NHKスペシャル
『調査報告　女性たちの貧困〜〝新たな連鎖〟の衝撃〜』
（2014年4月27日放送）

[キャスター]　国谷裕子
[語　り]　上田早苗
[取　材]　村石多佳子　板倉弘政
[撮　影]　小嶋陽輔
[音　声]　前川秀行
[照　明]　岡戸貴憲
[技　術]　千葉茂
[映像デザイン]　室岡康弘
[映像技術]　松本浩治
[編　集]　奥田浩平　森雄司
[音響効果]　日下英介
[ディレクター]　宮崎亮希　丸山健司　旗手啓介
[制作統括]　戸来久雄　高山仁　三村忠史
[取材協力]　一橋大学大学院川口研究室　岩田正美

# 女性たちの貧困
## “新たな連鎖”の衝撃

2014年12月15日　第1刷発行
2015年　5月30日　第4刷発行

著　者　NHK「女性の貧困」取材班
発行者　見城 徹

発行所　株式会社 幻冬舎
〒151-0051　東京都渋谷区千駄ヶ谷4-9-7

電話　03(5411)6211(編集)
03(5411)6222(営業)
振替00120-8-767643
印刷・製本所：図書印刷株式会社

検印廃止

GENTOSHA


ISBN978-4-344-02681-0　C0095
幻冬舎ホームページアドレス　http://www.gentosha.co.jp/

この本に関するご意見・ご感想をメールでお寄せいただく場合は、
comment@gentosha.co.jpまで。